杨炀——著

语言力
孩子天生会说话

Language ability
Children are born with this gift

图书在版编目（CIP）数据

语言力：孩子天生会说话 / 杨炀著. — 北京：中国轻工业出版社，2022.10
ISBN 978-7-5184-4051-1

Ⅰ.①语… Ⅱ.①杨… Ⅲ.①语言表达—儿童教育—家庭教育 Ⅳ.① G78

中国版本图书馆 CIP 数据核字（2022）第 121725 号

责任编辑：程　莹　　责任终审：高惠京　　整体设计：锋尚设计
策划编辑：付　佳　　责任校对：吴大朋　　责任监印：张京华

出版发行：中国轻工业出版社（北京东长安街6号，邮编：100740）
印　　刷：艺堂印刷（天津）有限公司
经　　销：各地新华书店
版　　次：2022年10月第1版第1次印刷
开　　本：710×1000　1/16　印张：13
字　　数：220千字
书　　号：ISBN 978-7-5184-4051-1　定价：49.80元
邮购电话：010-65241695
发行电话：010-85119835　传真：85113293
网　　址：http://www.chlip.com.cn
Email：club@chlip.com.cn
如发现图书残缺请与我社邮购联系调换
201110Y1X101ZBW

目录

Part 1　语言的力量

一、故事一则 ··· 10
二、语言与思维方式 ··· 11
三、语言与数学能力 ··· 12
四、语言与性格 ·· 13
五、语言与情绪 ·· 15
六、语言与经济决策 ··· 17
　　趣味脑科学 母亲大脑对孩子哭声的反应 ································· 18
参考文献 ·· 19

Part 2　儿童语言发展及其影响因素

一、语言如何获得 ·· 22
　　1. 先天论 ··· 22
　　2. 环境塑造论 ·· 23
　　3. 遗传-环境交互作用论 ·· 24
二、语言能力的大脑机制 ·· 25
　　1. 关键语言功能脑区 ·· 26
　　2. 大脑语言功能的左侧化 ·· 29
　　3. 语言的脑结构基础 ·· 30
　　趣味脑科学 孩子左撇子掰成右撇子对大脑功能的影响 ············ 31
三、语言的遗传基础 ··· 31
　　趣味脑科学 狗能听懂人类的指令吗 ····································· 33

四、儿童语言发展轨迹 ·· 34
 1. 听觉语言能力发展 ·· 34
  知识小贴士 做一个"主动倾听者" ·································· 36
 2. 说话能力发展 ·· 37
  知识小贴士 婴儿什么时候知道你在叫他的名字 ············· 41
 3. 阅读能力发展 ·· 42
  知识小贴士 汉语儿童阅读能力促进 ······························ 47
 4. 书写能力发展 ·· 47
 5. 语法能力发展 ·· 52
 6. 语用能力发展 ·· 54

五、儿童语言学习的影响因素 ··· 57
 1. 生理因素 ··· 57
 2. 父母的语言输入 ·· 58
 3. 早期音乐训练 ··· 59
 4. 家庭藏书量 ··· 61
 5. 避免"语言暴力" ·· 62
  知识小贴士 如何跟孩子"非暴力沟通" ·························· 64
 6. 家庭整体环境 ··· 65
 7. 午睡别忽视 ··· 67

参考文献 ·· 69

Part 3 如何培养"双语宝宝"

一、双（多）语者的优势 ·· 79
二、外语学习的心理过程与大脑基础 ·································· 80
 1. 外语学习的心理过程 ·· 80
 2. 外语学习的脑神经基础 ·· 81
三、影响外语水平的因素 ·· 82
 1. 学习外语的时间 ·· 82

    2. 音乐训练的影响 …………………………………… 84
        趣味脑科学 "听听音乐，长长脑袋"——音乐训练重塑儿童
        大脑结构 …………………………………………… 84
    3. 同伴互动的作用："孩子学外语，两个比一个强" ……… 85
    4. 儿童的主动性 …………………………………… 87
    5. 父母的信念 ……………………………………… 87
  四、外语学习的误区 ………………………………………… 88
    1. 外语学习与母语学习一样吗 ……………………… 88
    2. 学习外语会造成语言混乱吗 ……………………… 89
    3. 双语发展需要更长的时间吗 ……………………… 90
    4. 双语儿童更容易发生语言障碍吗 ………………… 90
  五、外语如何教 ……………………………………………… 91
    1. 教学策略 ………………………………………… 91
    2. 通过游戏提升儿童英语能力 ……………………… 92
        知识小贴士 家庭中的方言环境对儿童语言能力发展的影响 …… 96

参考文献 ……………………………………………………… 97

Part 4 儿童语言能力培养问答篇

  一、使用电子产品对儿童语言能力发展有哪些利与弊 …………… 101
    1. 屏幕学习创造了语言学习的新途径 ……………… 101
    2. 警惕使用电子屏幕的负面影响 …………………… 102
    3. 使用电子屏幕对儿童脑发育的影响 ……………… 104
    4. 如何让孩子接触电子屏幕 ………………………… 105
        知识小贴士 儿童电子屏幕使用建议 ……………………… 106
  二、"贵人语迟"有道理吗 ………………………………… 108
    1. 贵人语迟——说话早晚的问题 …………………… 108
    2. 语言发育迟缓的表现 …………………………… 110
    3. 语言发育迟缓的原因 …………………………… 111

  4. 语言发育迟缓的大脑异常 ……………………………………… 112
  5. 语言发育迟缓的矫治 …………………………………………… 113
   知识小贴士 如何对语迟儿童进行治疗 ………………………… 115
 三、孩子说话晚与自闭症有什么关系 …………………………………… 116
 四、孩子说谎话一定要纠正吗 …………………………………………… 117
  1. 儿童说谎的表现 ………………………………………………… 119
  2. "谎话"的特征 ………………………………………………… 119
  3. 为什么要说谎 …………………………………………………… 120
  4. 儿童说谎怎么办 ………………………………………………… 121
 五、兄弟姐妹对儿童语言能力的发展有影响吗 ………………………… 122
   知识小贴士 过多使用拼音输入法有损儿童阅读能力 ………… 124
参考文献 ……………………………………………………………………… 125

Part 5 做互动性父母，学会和孩子有效沟通

 一、口语沟通 ……………………………………………………………… 130
  "三千万词汇鸿沟" …………………………………………………… 130
 二、神奇的"父母语" …………………………………………………… 133
   趣味脑科学 多动手，孩子语言能力也能提高 ………………… 135
 三、重视亲子阅读 ………………………………………………………… 136
  1. 绘本阅读促进儿童全面发展 …………………………………… 137
  2. 影响亲子阅读质量的关键因素 ………………………………… 139
  3. 亲子阅读的大脑机制 …………………………………………… 141
  4. 如何进行亲子阅读 ……………………………………………… 141
   知识小贴士 对话共读 …………………………………………… 142
 四、不要忽视亲子互动中手势的作用 …………………………………… 143
   知识小贴士 互动语言游戏 ……………………………………… 146
参考文献 ……………………………………………………………………… 147

Part 6 别让语言障碍成为孩子的伤

一、发展性阅读障碍 ··· 151
  1. 电影中的阅读障碍 ··································· 151
  2. 阅读障碍的症状表现 ································ 154
  3. 阅读障碍的诊断 ····································· 155
  4. 阅读障碍的类型 ····································· 156
  5. 阅读障碍的发生原因 ································ 157
  6. 阅读障碍的预防 ····································· 160
  7. 阅读障碍的矫治 ····································· 161
    知识小贴士 汉语阅读障碍儿童的矫治 ············ 168

二、英语阅读障碍 ··· 169
  1. 英语阅读障碍的诊断 ································ 169
  2. 英语阅读障碍的大脑缺陷 ··························· 170
  3. 英语阅读障碍的矫治 ································ 171

三、特定型语言障碍 ··· 173
  1. 特定型语言障碍的定义与表现 ······················ 174
  2. 特定型语言障碍与发展性阅读障碍 ·················· 174
  3. 特定型语言障碍的发生原因 ························ 175
  4. 如何应对特定型语言障碍——"游戏训练" ········· 176

四、发展性口吃 ··· 182
  1. 口吃的定义 ··· 182
  2. 口吃的表现及早期诊断 ····························· 183
  3. 口吃的发生原因 ····································· 183
  4. 口吃相关脑神经异常 ································ 185
  5. 口吃的治疗 ··· 186
  6. 口吃认识误区 ······································· 191

五、发展性构音障碍 ··· 193
  1. 构音障碍的定义 ····································· 193
  2. 构音障碍的类型 ····································· 194

  3．构音障碍的诊断 …………………………… 195
  4．构音障碍的发生原因 ……………………… 196
  5．构音障碍的治疗 …………………………… 196
六、发展性书写障碍 ……………………………… 198
  1．书写障碍的定义 …………………………… 199
  2．书写障碍的表现 …………………………… 200
  3．书写障碍的诊断 …………………………… 200
  4．书写障碍的矫治 …………………………… 201
参考文献 …………………………………………… 202

Part 1

语言的力量

一 故事一则

关于语言的力量,我们来看看一项长达50年的心理学研究[1]:"阅读能力影响个人终身成就"。

1958年,约17000名孩子参与了一项心理学的追踪研究:在孩子们7岁的时候,心理学家测试了他们的语言和数学能力;在35年之后对他们进行回访,调查了这些孩子的社会地位与经济收入状况。心理学家们想知道早期的语言与数学能力对一个人的终身成就是否具有影响,具有多大的影响。追踪结果发现,早期良好的语言能力对个人成就确实具有积极的影响:在7岁的时候阅读能力强的孩子,他们成年以后收入更高,住房条件更好,工作环境也更舒适。早期语言能力对成年后经济状况的影响可能来自多个方面。首先,那些阅读能力更强的人可能有更强的学习动机与更高的智力,让他们受教育时间更长,更容易获得高薪工作。其次,阅读能力能够直接应用到工作场景中,帮助阅读能力更强的人更好地完成工作任务。最后,那些阅读与书写能力更强的人能够更好地学习健康知识与理财知识,这些知识能直接帮助他们积累更多的财富,在成年时达到更高的经济水平。

这则故事向我们展示了语言的强大力量。语言是思维的载体,负责文化传承、人类智慧的保存和个人能力的展示。古代有名士舌战群儒,现代有科学家、企业家进行催人奋进的励志演讲,我们在社会的各个领域见证了语言的力量。著名教育心理学家霍华德·加德纳(Howard Gardner)提出的著名"多元智能理论"中,语言智能就是其中一个重要组成部分。此外,在应用最为广泛的韦氏智力测验中,个人智力测验分为言语测验和操作测验两个部分,足见语言能力对个人脑智发育的重要作用。可见,语言是人类脑智的核心成分,影响着人类行为的各个方面。

 语言与思维方式

语言是思维的载体,人类思考过程实际上就是一种内部语言过程。因此,语言会影响个人的思维加工。德国思想家威廉·冯·洪堡(Wilhelm von Humboldt)在《论人类语言结构的差异及其对人类精神发展的影响》一书中提出,不同语言的语法结构差异可能会导致思维方式的差异。反过来,群体社会生活的特点也会反映到群体共用语言结构中,语言结构和精神发展之间存在着相互影响。语言学家爱德华·萨丕尔(Edward Sapir)与本杰明·李·沃尔夫(Benjamin Lee Whorf)曾提出著名的Sapir-Whorf假设。他们认为,语言决定思维,不同的语言表达方式会影响我们对世界的认知。著名心理语言学家史蒂芬·平克(Steven Pinker)在他的著作《语言本能》中也写道:"思维加工的语言是一种特殊语言形式,跟我们平时用到的汉语或英语等具体语言形式不同,思维语言具有更加丰富的一面,也有更加简单的一面。"

一些心理学家采用实验的方式探究了语言与思维的关系。其中,著名学者保罗·凯伊(Paul Kay)与其合作者开展过一系列颜色知觉研究。他们发现了说英语的人与说塔拉乌马拉语(Tarahumara)的人对颜色知觉的差异。塔拉乌马拉语是一种墨西哥印第安语,它对蓝色和绿色用同一个词来表示,没有区分这两种颜色的词。说英语的人能够很快辨别蓝绿色边界的差异。但是,说塔拉乌马拉语的人不能完成蓝绿边界颜色的区分,因为塔拉乌马拉语中没有专门的词描述蓝绿色。这表明,我们对外部世界中颜色的思维加工依赖于语言系统中的颜色词定义[2]。脑科学研究进一步发现,我们在命名颜色块的时候,大脑语言功能区广泛参与。其中,大脑左侧颞上回与左侧顶下小叶是颜色词表征的重要脑区[3]。可以看出,人在知觉颜色的时候,自动化地激活了大脑的语言功

能区，大脑的语言功能区可能以一种自上而下的方式调控了我们对颜色的知觉加工。

语言与数学能力

语言也会影响数学思维加工。在亚马孙地区有一种语言叫Munduruku语，这种语言只有表达数字1～5的词汇。尽管可以通过比较或相加获得大于5的数量操作，但使用这种语言的人不能进行超过4或5的精确运算。这说明，语言在精确运算过程中发挥着重要作用[4]。有观点认为，数字思维加工其实就是源于语言系统操作。比如，著名语言学家诺姆·乔姆斯基（Noam Chomsky）认为："我们对于数字的思考其实是源于语言的抽象，这种抽象形式保留了语言无限扩展的特性，而去除了一些细节的语言特征。"但是也有观点认为，人类跟其他动物一样，拥有语言与数字加工两个独立系统[5]。还有一种观点介于二者之间，认为语言的作用是关联不同的、非言语的数字符号，最后形成精确数字概念。

语言如何影响数学思维加工？第一，语音能力对数学知识的发展至关重要，数字、数学术语、运算符的处理依赖于语音编码和储存。语音意识、快速自动化命名与语音记忆等语音加工能力，都与儿童数学思维加工密切相关。儿童可能将语音加工作为一种表征、操作和检索数学知识的重要媒介。而且，语音能力对低年龄段儿童数学思维加工的影响更为明显。第二，在解决复杂数学问题的过程中，需要语义加工系统的广泛参与。脑科学研究发现，解决复杂算术问题与语义加工的脑激活存在大量的重叠[6]。同样，脑科学研究也发现，在完成数字计算任务时，语言加工相关的脑区显著激活[7]。

语言与数学能力的关系还表现在数字加工的语言文化差异方面。东西方儿童对数字认知概念加工的差异，可能就与东西方语言对数字的定义差异相关。调查显示，亚洲国家儿童数学能力比欧美国家儿童强[8]，这种数学能力的差异与语言差异存在密切关系。在英语中，需要比较复杂的语言表征数量。例如，12由1与2这两个数字组成，但是名称又与1和2没有直接关系，12由单独的词来表达。不同的是，在汉语中，我们对数字的命名就比较规则。例如，11到99之间的名称都是由十位数后加上个位数来表示。研究发现，汉语儿童说数字的速度比英语儿童快[9]。而且，这种快速命名数字的能力与数学成绩之间有密切关系[10]。此外，汉语儿童理解中位数的能力也比英语儿童强[11]。

最后，数学能力的性别差异可能与语言能力差异相关。在数学问题解决方面，男孩表现更好，而在数字计算方面，女孩表现更好。这是因为，女孩在语言方面更有优势，这种优势可以帮助她们更好地完成数字计算。

可以看出，儿童语言能力的发展与认知加工各个方面密切相关。语言能力的发展直接或间接地影响知觉加工和数学思维这类高级认知加工。早期语言能力的培养与促进，能够为孩子认知能力发展打下良好的基础。从这个意义上讲，发展语言能力也是提高数学能力的有效途径。尤其对于数学学习有困难的孩子，如果只是从数学方面去训练，可能无法达到很好的效果，因为他们对于数学本身就有畏难情绪，无法很好地完成训练项目。在这种情况下，让孩子参加一些语言方面的培训项目，可能效果会更好。

四 语言与性格

皮特的故事

皮特是一个出生在英国伦敦的7岁小男孩，由于爸爸工作调动，他搬到了希腊的雅典居住。到了新环境，他开始努力学习希腊语，并很快学会了基本对话。不过，皮特的父母发现，新的语言环境似乎也在影响皮特的性格。在伦敦的时候，他说英语比较礼貌，总是用一种比较放松的方式，凡事都说一个"please"或"excuse me"。但是，当

> 他说希腊语的时候，他好像总是用比较着急的语调表达，说话方式也变得比较粗鲁。在不同的语言环境中，小皮特似乎表现出不同的性格特征。

为什么呢？难道语言环境的改变也对性格特征造成影响？语言不仅是一种交流工具，对个人的心理特征也具有一定塑造作用。语言可以影响个人的感觉、思维、行动等组成人格结构的不同成分。世界上有超过7000种的语言，不同语言具有不同的语音特征。语言对自我认知也有影响。例如，当双语者使用第二语言的时候，他们的价值观、自我概念等可能发生改变。同一个人在说不同语言的时候，也会表现出不同的个性特征。调查发现，大学生在用英语和汉语回答一个相同问题的时候，他们的反应方式并不相同。当他们使用英语来回答的时候，他们的反应方式更偏向英语母语者的模式。同样，让大学生双语者回答关于自我和社会特征的一些问题时，如果使用英语（第二语言）来回答，他们会阐述更多的个人特征和更少的社会或团队成员特征。

在认知风格方面，中国人与美国人也表现出明显的差异[12]。这种差异可以用交际适应理论来解释[13]。我们与群组以外的人群交流的时候，会使用其他人群的语言，双语改变了我们的交流行为，以适应其他群体的特征与氛围。这是为了帮助相互理解，促进与其他文化人群中的人形成亲密的关系。当我们需要跟其他人群区分的时候，我们也需要用语言来区分交流方式，以提高自我认同感。

基于语言对个性与人格发展的影响，我们可以进行一些基于语言学习的训练，达到改善与完善自己人格的目的。有研究发现，学习第二语言有助于控制自己在同伴比较中的过度自信倾向。这可能是因为，第二语言的学习增强了我们的认知评价能力，减少了对自己能力评价过高的偏差，让我们在比较自己的能力与同伴的能力时，有更为合理的估计[14]。

可以看出，语言作为一种社会文化的产物，对人格特质具有明显影响。一个人在使用不同语言的时候，尤其是在人际交往情境中，可能表现出不同的人格特质。儿童期是人格特质形成与发展的关键阶段，这个阶段使用不同语言或许会对儿童人格特质的形成与发展产生影响。

五 语言与情绪

　　语言不仅能传递交流信息，还是情绪表达的窗口。口语交流过程中，语音韵律蕴含了丰富的情绪色彩，被称为情绪性语音。情绪影响说话时的呼吸、发音、构音运动、韵律与声调等方面，形成情绪语音时间结构、响度、粗糙度和基频等特征。对语音中蕴含的情绪状态进行准确识别，做出适宜的反应，是语言交流的重要组成部分，是人类进化出来的一种生存能力。例如，婴儿对母亲声音中的情绪性语调信息有较强的依赖，这些语音中的情绪信息是孩子寻求照顾、避免危险的重要线索。积极的语音信息可以促进婴儿与母亲之间的联系，形成安全依恋。同时，语音中的负性情绪信息，特别是带有愤怒情绪的声音，是危险信号的提示。

　　人类对语音中情绪信息的识别存在明显的性别差异。一般认为，女性比男性的能力更强，因为女性在理解和整合情绪韵律信息与语言加工方面比男性水平更高[15]。在不同文化环境中，语音情绪特征具有较高的一致性，这种一致性帮助我们在跨文化交流过程中相互理解。

　　此外，语言还可以充当标记情绪类型的重要"标签"。人类情绪的范畴划分受到语言的约束。在人类判断大猩猩的表情差异时，如果只是根据人类面孔特征进行判断，就不会出现情绪范畴性效应，也就是说，无法归类这些大猩猩的情绪。但是，如果给每张大猩猩面孔赋予相应情绪词，先学习这些情绪词，再进行表情判断，就会表现出明显的情绪范畴性效应。这表明，情绪知觉加工受到语言范畴的约束，这种约束在感知愤怒、悲伤和恐惧情绪时，表现得更加突出[16]。

　　从发展的角度看，一个人识别语音情绪的能力从婴儿时期就存在了。社会交往能力的发展对语音情绪识别能力的发展具有重要作用。研究发现，5个月大的婴儿就能辨别高兴、悲伤和生气的语音信息。但是在这个阶段，婴儿对语音的辨别还需要借助同时呈现的面部表情[17]。到7个月的时候，婴儿就可以辨别从开心到生气，从生气到开心的变化过程，但仍需要借助呈现的面部表情[18]。婴儿对语音情绪的识别能力比对面部表情的识别能力发展更早，因为哺乳动物的听觉系统发展早于视觉系统。随着年龄的增加，人对情绪信息的识别能力也提升了，而且表现出不同的模式：婴儿辨别语音情绪状态主要依靠语音特征，而成年人则依靠语义加工，对情绪背后的意义进行识别与评价。

知觉语音中情绪信息的能力受到多个因素的影响。

一是生理因素。在我们的大脑中有专门负责处理语音情绪信息的脑区。比如，表现愤怒情绪的语音信息由人脑右侧颞上沟中部进行处理[19]。对3~7个月婴儿的研究发现，额叶与岛叶负责悲伤性语音情绪的识别[20]。此外，语音情绪辨别能力受到基因调控。例如，5-羟色胺转运体基因连锁多态性区域（the serotonin transporter gene-linked polymorphic region，5-HTTLPR）是参与调控大脑对语音情绪识别反应的相关基因[21]。

二是亲子互动与沟通质量。如果母亲对孩子语音情绪具有高度敏感性，就能快速识别孩子语音情绪中的需求，给予及时反馈。而孩子也通过这样的经验认识语音情绪信息对外界交流和互动的积极意义，这可以帮助孩子优先注意到环境中所有强烈的情感信息。另外，母亲指令中的情绪信息表达也是重要因素。母亲的指令性语言通过负性语音传递，引起孩子注意，进行指令或者控制某种行为，需要孩子的行为反应。尽管不是所有指令性行为都包含负性语音，但接受更多指令性语言可能会导致孩子经常评估消极情绪，并把消极情绪信息作为行为指导。这种行为会影响儿童大脑中处理语音情绪加工的神经反应模式，比如影响婴儿左侧颞上沟处理负性语音情绪的能力[22]。

三是疾病因素。发展性障碍儿童对不同情绪的语音韵律识别存在缺陷。比如，患有注意缺陷多动障碍的儿童识别生气时的语音信息表现较差。而这种识别语音情绪的敏感性的缺乏，会影响这些儿童的社会交往能力[23]。这也提醒这些儿童的父母，在矫治儿童的问题行为过程中，要使用非威胁性的语调。

我们不仅能识别语音情绪信息，还可以利用这种语音情绪信息来调控情绪状态。科学家发现，通过技术手段操纵我们听到的语音情绪信息，比如改成开心、难过或恐惧的情绪信息，大部分情况下，我们并不能意识到这种改变。但是，我们的情绪状态随之发生了变化，趋向于与听到的语音信息中的情感属性一致。当听到开心的语音信息时，个人的情绪状态也趋向于开心[24]。可以看出，语音情绪信息的改变能调节听者的情绪状态，而且这种调节可能发生在无意识的状态下。这种语音情绪信息的操纵可能是我们情绪调控的一种有效手段。

语言与经济决策

有趣的是，语言甚至可能影响我们的经济决策与行为。在不同的语言系统中，有一个重要的语言学差异，就是语法中时态表述的差异。有的语言有时态之分，比如在英语中，动词会根据发生时态进行变化。而在汉语或德语中，则没有这种时态的语法规则。同样想表达"明天会下雨"，在英语中表达时需要用将来时态："It will rain tomorrow"。但是在汉语或德语中则没有这种区别。"语言-储蓄（linguistic-savings）"假设认为：如果一种语言中对现在和未来具有非常明确和严格的区分，就会让说这种语言的人把未来和现在区分得非常清楚，这可能导致他们对未来的感觉更为遥远。而储蓄是牺牲当下的收益去为未来做准备，对于那些遥远未来的事情，大家紧迫感不强，因此也无法为未来进行更多储蓄。相反，那些没有时态之分的语言中没有严格区分现在和未来，说这些语言的人会感觉未来和现在之间的界限没有那么清楚，他们会觉得未来很近，所以他们更愿意为未来进行储蓄。这也解释了为什么我国居民的储蓄水平处于相对较高水平。

对于这种"语言-储蓄"假设，心理学家和经济学家都做了一些研究，常见的一种考察指标就是未来时间参照。研究人员将语言分为强未来时间参照语言和弱未来时间参照语言两类。强未来时间参照语言（如英语）对现在和未来发生的事件使用不同的语法时态，无时态的语言为弱未来时间参照语言。调查发现，使用弱未来时间参照语言的国家的国民储蓄率确实要高于使用强未来时间参照语言的国家。这与理论的假设一致，弱未来时间参照语言中，当下和未来在时间上显得更具有连续性,而强未来时间参照语言对未来时态的语法变式,在一定程度上会使当下和未来显得彼此独立,甚至相距甚远。这样一来,人们为"将来"存钱的这一储蓄行为也会因此受到影响[25]。

这是一个非常有意思的例子,证明我们使用的语言对社会经济决策和行为具有一定影响性。

母亲大脑对孩子哭声的反应

婴儿的声音具有重要的信号功能,婴儿的哭声会直接影响大人对他们的照料。例如,婴儿的哭声引起母亲的注意,促使母亲采取行动满足婴儿的要求。俗话说:"会哭的孩子有奶吃。"母亲对婴儿的哭声做出及时反应,让婴儿感受到回应,能让他们尽快平静下来,对他们情绪的稳定也有重要作用。那么,母亲对孩子什么样的哭声更为敏感?这种反应模式是不是一定要成为母亲以后才会形成?母亲对孩子哭声的反应在不同文化中是否一样呢?

为了探究这些问题,科学家进行了大量的家庭调查与大脑成像研究。首先,科学家对来自11个国家(阿根廷、比利时、巴西、喀麦隆、法国、肯尼亚、以色列、意大利、日本、韩国与美国)的684名母亲与孩子的交流情况进行了观察。结果发现,在这些国家中,母亲对孩子哭声的反应具有一种相同的模式:母亲对孩子带有忧伤情绪的哭声反应最为迅速,做出的反应基本都是马上把孩子抱起来,然后对孩子说话。为什么母亲对孩子的悲伤性哭声反应最为迅速呢?这是因为,母亲们可能认为,任何延迟都可能增加孩子受到伤害的风险。

随后,科学家对43名美国新生儿与50名中国新生儿的母亲的大脑进行了扫描,观察了她们对自己孩子哭声的大脑特异性反应。结果发现,母亲们大脑中的辅助运动区、额下回、颞上回、中脑与纹状体皮质对孩子的哭声具有特定的响应,这些大脑反应促进了母亲对哭声加工并做出一些抚育性的动作反应。有意思的是,那些没有育儿经验的女性听到孩子哭声的大脑活动模式与做了母亲的女性完全不同。这说明,母亲大脑对孩子的哭声具有独特的反应,而且这种反应具有跨文化的一致性。有抚育孩子经验的母亲的大脑才能形成这种"母爱脑"的反应模式。研究还发现,这种大脑反应模式在个体成为母亲3周左右就快速形成了[26]。

参考文献

1. Ritchie S J, Bates T C. Enduring Links From Childhood Mathematics and Reading Achievement to Adult Socioeconomic Status[J]. Psychological Science, 2013, 24(7):1301-1308.
2. Regier T, Kay P. Language, thought, and color: Whorf was half right[J]. Trends in Cognitive Sciences, 2009, 13(10):439-446.
3. Tan L H, Chan A H D, Kay P, et al. Language affects patterns of brain activation associated with perceptual decision[J]. Proceedings of the National Academy of Sciences of the United States of America, 2008, 105(10):4004-4009.
4. Pica P, Lemer C, Izard V, et al. Exact and approximate arithmetic in an Amazonian indigene group[J]. Science, 2004, 306(5695):499-503.
5. Dillon M R, Huang Y, Spelke E S. Core foundations of abstract geometry[J]. Proceedings of the National Academy of Sciences of the United States of America, 2013, 110(35):14191-14195.
6. Zhou X, Li M, Li L, et al. The semantic system is involved in mathematical problem solving[J]. Neuroimage, 2018, 166:360-370.
7. Dehaene S, Spelke E, Pinel P, et al. Sources of Mathematical Thinking: Behavioral and Brain-Imaging Evidence[J]. Science, 1999, 284(5416):970-974.
8. Stevenson H W, Lee S, Chen C. Mathematics achievement of Chinese, Japanese, and American children: Ten years later[J]. Science, 1993, 259(5091):53-58.
9. Hoosain R, Salili F. Language differences in pronunciation speed for numbers, digit span, and mathematical ability[J]. Psychologia, 1987, 30(1):34-38.
10. Ellis N C, Hennelly R A. A bilingual word-length effect: Implications for intelligence testing and the relative ease of mental calculation in Welsh and English[J]. British Journal of Psychology, 1980, 71(1):43-51.
11. Miura I T, Okamoto Y. Comparisons of U.S. and Japanese First Graders' Cognitive Representation of Number and Understanding of Place Value[J]. Journal of Educational Psychology, 1989, 81(1):109-114.
12. Ji L J, Zhang Z, Nisbett R E. Is it culture or is it language? Examination of language effects in cross-cultural research on categorization[J]. Journal of Personality and Social Psychology, 2004, 87(1):57-65.
13. Gallois C, Ogay T, Giles H. Communication accommodation theory: A look back and a look ahead[M] // Gudykunst W B. Theorizing about intercultural communication. Thousand Oaks: Sage, 2005:122-148.
14. Li H, Shen S. A clearer sense of self: relationship between bilingualism and overconfidence bias[J]. Journal of Multilingual and Multicultural Development, 2020(1):1-14.

15. Schirmer A, Kotz S A. Beyond the right hemisphere: brain mechanisms mediating vocal emotional processing[J]. Trends in Cognitive Sciences, 2006, 10(1):24-30.
16. Fugate J M B, Gouzoules H, Barrett L F. Reading Chimpanzee Faces: Evidence for the Role of Verbal Labels in Categorical Perception of Emotion[J]. Emotion, 2010, 10(4):544-554.
17. Walker-Andrews A S, Grolnick W. Discrimination of vocal expressions by young infants[J]. Infant Behavior and Development, 1983, 6(4):491-498.
18. Caron A J, Caron R F, MacLean D J. Infant discrimination of naturalistic emotional expressions: the role of face and voice[J]. Child Development, 1988, 59(3):604-616.
19. Grandjean D, Sander D, Pourtois G, et al. The voices of wrath: brain responses to angry prosody in meaningless speech[J]. Nature Neuroscience, 2005, 8(2):145-146.
20. Blasi A, Mercure E, Lloyd-Fox S, et al. Early specialization for voice and emotion processing in the infant brain[J]. Current Biology, 2011, 21(14):1220-1224.
21. Grossmann T, Vaish A, Franz J, et al. Emotional Voice Processing: Investigating the Role of Genetic Variation in the Serotonin Transporter across Development[J]. PLoS One, 2013, 8(7):e68377-e68377.
22. Zhao C, Chronaki G, Schiessl I, et al. Is infant neural sensitivity to vocal emotion associated with mother-infant relational experience?[J]. PLoS One, 2019, 14(2):e0212205-e0212205.
23. Chronaki G, Benikos N, Fairchild G, et al. Atypical neural responses to vocal anger in attention-deficit/hyperactivity disorder[J]. Journal of Child Psychology and Psychiatry, 2015, 56(4):477-487.
24. Aucouturier J J, Johansson P, Hall L, et al. Covert digital manipulation of vocal emotion alter speakers' emotional states in a congruent direction[J]. Proceedings of the National Academy of Sciences of the United States of America, 2016, 113(4):948-953.
25. Chen M K. The Effect of Language on Economic Behavior: Evidence from Savings Rates, Health Behaviors, and Retirement Assets[J]. American Economic Review, 2013, 103(2):690-731.
26. Bornstein M H, Putnick D L, Rigo P, et al. Neurobiology of culturally common maternal responses to infant cry[J]. Proceedings of the National Academy of Sciences of the United States of America, 2017, 114(45):E9465-E9473.

儿童语言发展及其影响因素

> 语言是人类特有的能力，是人类区别于动物的标志，语言能力发展与每个人的终身成就水平相关。人类语言学习非常迅速，而且是一种高度自动化的过程。比如，孩子在学说话的过程中，几乎不需要大人刻意去教他们。只要成长在正常的人类语言环境中，孩子都能够很快习得一门或多门语言。

语言能力是一种与生俱来的能力还是在后天环境中习得的能力？如果语言能力是后天习得的，这种学习的过程是如何发生的呢？对一个语言能力发展正常的儿童来说，听、说、读、写不同方面的语言能力在不同发展阶段又有什么特征？为什么一部分儿童语言能力发展滞后，甚至发展为语言障碍呢？哪些因素会影响儿童早期语言能力的获得与发展？围绕这些问题，语言学家、心理学家、神经科学家和教育学家开展了大量的科学研究与实验观察，描绘了一幅完整的儿童语言发展轨迹图。

一 语言如何获得

1. 先天论

关于人类语言的获得，主要有两种理论假设："先天论"与"环境塑造论"。先天论的代表性人物是语言学大师诺姆·乔姆斯基（Noam Chomsky）。他提出，语言是我们人类与生俱来的能力，我们大脑中存在一个先天预设的语言获得装置（Language Acquisition Device，LAD），这个装置可以帮助我们在任何语言环境中发展出需要的语言能力。先天论的观点有很多证据的支持。比如，一些孩子学习语言的能力非常强，他们在很短时间内就可习得复杂的语言系统，能很快听懂大人的语言，也能自己学会说话。儿童早期环境中接触的语言输入是不完整且粗糙的，如果仅凭环境中的语言输入信息，婴儿是无法获得精细语言加工能力的。因此，人类必须有自己天生的语言加工能力，才能对这些粗糙的听觉输入信息进行加工，发展出精细的语言表征。再比如，研究发现，新生儿对人类的语言信息具有敏感性，他们更偏爱人类的语音，说明孩子在出生的时候就具备了对语言信息的敏感性。不同语言系统下，儿童语言发展具有类似的发展模式，即在特定的时间点出现标志性与里程碑式的语言现象[1]。语言是人类先天能力的证据还来自对动物的研究。一些科学家曾经尝试教灵长类动物学习语言，为此还专门设计了一些手语。但是，这种教学的效果较差。经过大量的练习，猿猴只能掌握少数的基本词汇，而且不能获得人类复杂的语法规则[2]。这一系列的研究证据似乎都表明，人类具有一种先天的语言学习能力。

2. 环境塑造论

狼孩的故事

环境因素对孩子语言与智力发展十分重要。"印度狼孩"的故事就是最好的证据。1920年10月，印度传教士辛格（Singh, J. A. L.）在印度加尔各答的丛林中发现了两只"幼狼"，"它们"头发长且脏乱，但看起来像人类。经过一番努力，人们抓住了这两只像人类的"幼狼"。后来发现，"它们"其实是由狼哺育的两个女孩，后来取名为阿玛拉（Amala）与卡玛拉（Kamala）。她们被送到辛格所在城市的一个福利院。进入人类社会的初期，她们依然表现出狼的行为模式。例如，她们不能直立行走，而是像狼一样用四肢行走，喜欢偷吃生肉，喝水时也像狼一样用舌头舔。在语言方面，她们完全不懂人类语言，也不能像正常人类一样发出声音。但是，她们的听觉系统非常发达，对声音非常敏感。不幸的是，1921年9月，年纪更小的阿玛拉去世了。在进入福利院5年以后，卡玛拉展现出一些人类的智力行为。比如，她开始知道自己的名字，能够理解颜色的概念。在语言方面，她也有明显的进步，大概能说30个词语，学会为一些物体命名。但是，1929年，卡玛拉去世了。直到去世的时候，她也没真正学会说话，智力只相当于三四岁的孩子。

从"印度狼孩"的故事可以看出，没有适合的语言环境，儿童无法获得正常的语言能力，说明环境在儿童语言获得过程中的重要作用。模仿论认为，儿童通过模仿父母或者其他家庭成员的语言行为来学习语言，这些模仿通过成人的强化而固定下来。著名的行为主义心理学家斯金纳（B.F. Skinner）在《言语行为》这本书中曾写道："在教孩子说话的过程中，成人对孩子进行强化的准则起初是非常宽松的，孩子表现出任何近似于社会语言规范的行为，都得到了强化。随着这些行为出现频率的增加，孩子的语言行为就越来越接近规范，最后，复杂语言行为就得以形成。"举个例子，一个9个月左右的孩子，在父母不断重复说"爸爸"或"妈妈"时，他偶然间说出了与"爸爸"或"妈妈"类似的语音。这个时候，父母欣喜若狂，对孩子的表现做出称赞和表扬。这些反馈行为就是一种强化物，孩子接收到强化信息后，这些无意行为慢慢固定下来，直到形成稳定、清晰的语言表达。但是，行为主义对儿童语言获得与发展的描述太过简单，实际上，语言获得的过程十分复杂，不是通过简单的模仿和强化就能完全实现的。

3. 遗传-环境交互作用论

交互作用论的观点认为，人类语言的获得是环境与遗传共同作用的结果。

在出生初期	孩子的大脑发育迅速，该阶段是对外界刺激最为敏感的阶段，也是奠定智力发育基础的关键阶段。新生儿天生具有能够学习世界上任何一种语言的能力。但是，如果在语言能力发展的关键阶段没有得到足够的声音刺激，语言能力就无法充分发展。
在6~12个月的时候	对外界声音的敏感性与知觉能力开始快速下降。
在出生后的第一年	婴儿开始适应外界环境中的语言及其各种属性，设定后续语言能力发展阶段[3]。

交互作用论的观点能够很好地解释语言个体差异的存在。由于基因或环境因素在不同儿童间的作用程度和方式存在差异，学习语言的结果会表现出明显的个体差异[4]。实际上，从现有的科学证据来看，纯粹的遗传或环境因素都无法全面解释人类的各种语言现象。因此，语言获得更可能是遗传与环境共同作用的结果，符合交互作用论的观点。

 语言能力的大脑机制

语言具有生物学基础，其中，大脑是语言能力最为重要的生理基础。关于大脑的语言功能，有许多有趣的问题：（1）听、说、读、写由哪些脑功能区负责？（2）儿童语言获得、发展与脑发育的关系是什么？（3）地球上有上千种语言，人类大脑语言功能的普遍性与特异性有哪些？（4）语言障碍与脑功能、结构的异常是否有关？围绕这一系列的问题，科学家采用脑损伤模型、无创脑成像、脑电记录与脑刺激等技术手段，绘制了人脑语言功能及其发展的图谱[5]。

人脑语言功能的发展呈现多种模式：（1）负责语义加工的关键脑功能区活动随着年龄增加而增强。（2）低水平感觉与运动脑功能区也参与语言加工，并随着年龄的增加，参与度不断提高。而那些高级认知控制脑区的活动随着年龄增加而减少。这表明，随着年龄的增加，儿童语言加工自动化水平逐步提升，认知控制加工逐步减少。（3）后部扣带回与楔前叶脑激活在儿童和青少年时期逐渐减弱。（4）语言偏侧化在5岁左右就已经形成，主要是在前额叶表现出轻微的左侧化趋势[6]。

1. 关键语言功能脑区

（1）布洛卡区

在现代脑成像设备发明之前，我们对人脑语言功能的认识主要来自对失语症患者的研究。1861年，法国外科医生Paul Broca接收了一位因为脑损伤而失去语言能力的患者，他只能发出一个"tan"的声音。这位患者去世后，Broca医生解剖了他的大脑，发现大脑左侧额下回的一个区域出现明显损伤。随后，Broca医生陆续找到一些有类似情况的患者。基于病例的总结，Broca医生认为左侧额下回这个区域是负责口语产生的脑功能区，这个区域后被命名为布洛卡区（Broca's area），位于布罗德曼分区（Brodmann's area，BA）的44和45区[7]。后来，通过一系列检测，在健康人群中观察到布洛卡区参与语音、语义、声调与句法等多种语言成分的加工[8]。其中，布洛卡区后部（BA44）负责语法加工，前部（BA47/45）负责语音、语义加工[9-10]。

（2）左侧额中回

左侧额中回（left middle frontal gyrus）（BA9）是一个非常重要且特殊的语言脑功能区。大量的脑成像研究发现，这个脑区专门负责汉字阅读[11]。具体而言，这个脑区负责汉字阅读过程中的形-音转换与字形暂时存储等加工。同时，对汉语阅读障碍儿童的研究发现，该脑区功能和结构的异常是汉语阅读障碍发生的重要脑机制[12-14]。该脑区的发现对汉语阅读障碍的矫治具有重要指导意义。比如，我们不能照搬西方拼音文字脑科学的研究来指导汉语阅读能力的提升与汉语阅读障碍的矫治，而必须开发具有汉语特色的方案，针对性地刺激汉语阅读的核心脑功能区。

（3）Exner区

书写也是语言表达的一种形式，是人类交流和表达的载体。书写涉及语言、运动和执行控制等多个因素。大脑中也存在一个负责书写的特异性脑区，叫Exner区，位于大脑左侧额上沟内侧（左侧额中回后部）。这个脑区由神经科学家西格蒙德·埃克斯纳（Sigmund Exner）在脑损伤案例中发现。在书写任务中，这个脑区具有明显特异性激活[15-16]，它主要负责字形−运动编码、字形信息暂时存储等功能[17]。

有意思的是，近期研究还发现，Exner区也是汉字书写性别差异的神经基础[18]。男女在书写笔迹上的差别，与这个脑区的活动与功能连接密切相关。而且，Exner区存储的文字运动表征在阅读过程中也会被自动激活，提高文字阅读效率[19]。所以说，Exner区是书写促进阅读的中介，尤其对汉字而言，这种促进效应更为明显[20-21]。

（4）威尔尼克区

威尔尼克区（Wernicke's area）是负责语言理解的脑功能区，位于左侧颞上回后部（BA22）。德国医生威尔尼克（Wernicke）发现，该脑区受损的失语症患者能够流畅地进行单词发音，但无法理解语音的意义。近期研究发现，威尔尼克区前部主要负责语音信息加工，后部则是大脑默认网络的组成部分，负责社会认知加工[22]。实际上，语言理解需要多个脑区协同参与，而不是局限在威尔尼克区[23]。

（5）顶下小叶

左侧顶下小叶（inferior parietal lobule）也是语言重要功能区，分为两个子区：角回与缘上回。角回位于顶下小叶后部（BA39），属于颞上回的延续，其内侧边界由顶内沟分界。角回是负责阅读的重要脑功能区，主要负责形-音转换。拼音文字阅读障碍者一般会表现出角回功能异常。此外，角回也参与语言中的语义加工[24]。缘上回位于顶叶的后部、角回的前部、颞叶的上方，主要负责存储和提取语音信息[25]。此外，左侧顶下小叶也是第二语言学习的重要神经基础[26]。

（6）视觉词形区

文字是一种特殊的视觉刺激，表征文字的脑区与表征脸孔、情境或其他视觉刺激的脑区是否相同呢？研究发现，有一个专门负责存储字形的脑功能区，称为视觉词形区（visual word form area，VWFA）。这个脑区位于颞叶下方、颞叶与枕叶交界处。入学一个月的儿童的VWFA就已经表现出对文字的特异性反应，并与数字、脸孔与工具等视觉刺激的反应发生明显分离[27]。文盲经过识字训练后，VWFA对文字的敏感性逐步形成[28]。VWFA呈现一种梯度功能分布模式，位置越靠前，越是表征完整的词形，位置越往后，越是表征部分字形的特征[27]，这种梯度分布在9岁左右就出现了。

也有观点认为，VWFA并不是一个单纯存储字形的脑功能区，而是一个连接视觉词形与高级控制功能脑区的交界处，负责高级脑区对与词语相关的语音、语义或动作等基础属性的调控[29-30]。

汉字是方块形状，视觉空间复杂度比较高，与拼音文字词形差异巨大。字母语言系统中，左侧VWFA负责字形表征。而在汉字加工中，右侧梭状回（对应左侧VWFA位置）也广泛参与[11, 31]。

（7）小脑

传统观点认为，小脑负责运动加工，比如平衡能力。现代脑科学研究发现，小脑也参与许多高级认知加工[32]，甚至与智力相关[33]。语言加工中，小脑负责口语产生、语法和书写等多个方面[15]。

阅读障碍儿童表现出明显的小脑功能和结构异常[34]。观察发现，阅读障碍儿童的运动能力也比较弱。还有研究发现，汉语阅读障碍儿童缺乏运动序列自动化能力[35]，这与其左侧小脑的功能和结构异常有关[35-36]。可见，注重儿童青少年体育锻炼不仅对身体发育有好处，对认知能力提升也具有促进作用。

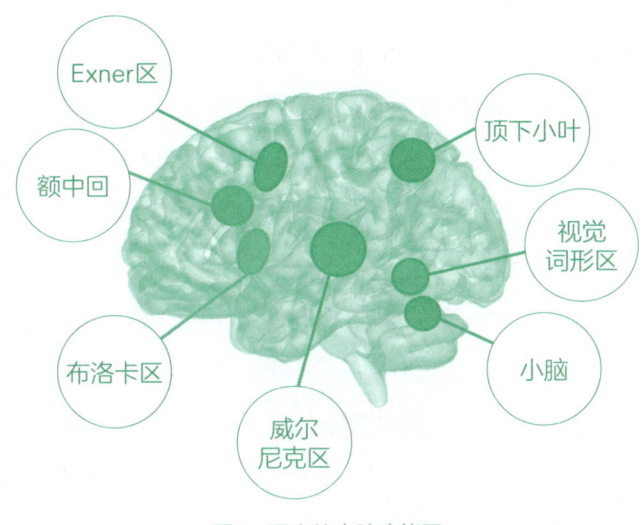

图1 语言的大脑功能区

2．大脑语言功能的左侧化

人类大脑分为左右两个半球，它们具有明显的功能分工，这是人脑功能组织的关键特征。在20世纪60年代，著名学者罗杰·斯佩里（Roger Sperry）对"裂脑人"（为了控制癫痫，切断两个半球之间胼胝体的患者）进行了一系列研究，发现左侧大脑主要负责语言加工，而右侧大脑负责视觉空间、音乐等的认知加工。1981年，罗杰·斯佩里获得了诺贝尔生理学或医学奖，以表彰他在开启人类大脑功能偏侧化认识中的贡献。

语言是人类大脑功能偏侧化最为典型的一种能力，对于大部分人而言，左脑负责语言加工。这种偏侧化由大脑结构、基因等多重因素决定[37]。此外，语言偏侧化与利手情况有关。根据日常生活中惯用或善用手偏向，可分为右利手、左利手和两利手。总体来看，人类右利手与左利手比例为9∶1，多个基因位点与人类利手情况相关[38]。对于大脑语言功能，约95%右利手的人与约75%左利手的人表现出语言功能左侧化的趋势[39]。左利手的人和右利手的人在大脑语言功能偏侧化方面表现出差异：左利手的人在加工语言过程中表现出双侧化甚至右侧化趋势，这种趋势表现在语言理解与语言产生的各个方面[40]。

那么，大脑语言功能的偏侧化是何时出现的呢？科学家观察发现，5～12个月大的婴儿在咿呀学语（babbling）阶段就出现了大脑语言功能的偏侧化，说明左侧化在婴儿早期就已经存在[41]。大脑语言功能偏侧化会发生变化：儿童在4～6岁的时候，呈现出双侧化趋势；随着年龄的增长，右侧化趋势逐渐下降；到了成年阶段，超过60%的人右侧大脑不再参与语言加工。其中，表现最为明显的一个脑区就是布洛卡区[42]。

这里需要注意的是，大脑语言功能左侧化优势，意思是左侧大脑起主导作用，但并不是说右侧大脑对语言加工不起作用。实际上，脑成像研究发现，在语言加工中，大部分情况下左右双侧大脑都参与，尤其是在儿童阶段。而且，还有一小部分人，他们的语言优势半球是右侧大脑。所以，对于我们常常听到的那些"开发右脑"等的宣传，需要谨慎对待，左右脑都有不同的认知功能，并不是所有人都需要"开发右脑"。

3. 语言的脑结构基础

大脑结构是人脑功能的"硬件"，支持大脑各项认知功能的发展。大脑结构特征，如灰质体积、皮质厚度与表面积等，与人类语言能力密切相关。利用脑成像技术，科学家揭示了与语言加工相关的脑白质神经通路，主要包括弓状束、上纵束、钩束和最外囊等结构连接通路。其中，弓状束是连接布洛卡区与威尔尼克区的神经通路，表现出明显的左侧化趋势，负责语音产生与语法加工。弓状束在人类0～14岁都处于发展阶段，随着年龄的增长，左侧化的趋势更加明显[43]。上纵束是连接额叶、顶叶与颞叶的粗大神经纤维束，包括多个分支。其中，连接布洛卡区（尤其是BA44）与左侧颞叶后部（颞上回侧面与颞中回）的通路属于"背侧通路"，支持语音理解、语音运动或语法等相关加工。而钩束和最外囊属于"腹侧通路"，连接布洛卡区与颞叶前部，主要负责语义与概念相关信息的加工[44]。

 **孩子左撇子掰成右撇子对大脑功能的影响**

传统上，父母会倾向于把左利手的孩子（即左撇子）纠正为右利手。为什么会有这种倾向呢？从社会性发展方面考虑，父母会认为，如果孩子表现得跟大部分孩子不同，这种差异可能让孩子体验到团体压力，甚至受到一些社会排斥（如被嘲笑）。因此，父母希望尽快把孩子纠正成右利手，让他们更好地融入集体。从现实方面考虑，左利手可能让孩子在日常的学习与生活中体验到不便。例如，如果左利手的孩子与右利手的孩子坐在一起，写字的时候他们的胳膊可能会发生碰撞，这就可能对他们的学习造成负面影响。这样考虑有一定的道理。

前面我们介绍过，利手情况跟大脑语言功能偏侧化密切相关。那么，如果强行改变孩子的利手习惯，对他们语言能力的发展是否有不利影响呢？

神经科学家曾研究了这种情况。他们找到一群从左撇子被掰成右撇子的成年人，比较了他们与正常发展的左撇子或者右撇子的大脑结构。结果发现两点不同：（1）那些自然发展的左撇子或右撇子，他们的脑中央沟表现出一种正常的左右不对称性，即利手对侧灰质体积更大（右撇子：左侧＞右侧；左撇子：右侧＞左侧）。但是，那些被掰成右利手的左撇子，他们表现出一种相反的模式，即他们的右侧化趋势被改变了，中央沟表现出左侧（非语言优势半球）大于右侧趋势。（2）被纠正的左撇子左侧壳核中间部分的体积比正常发展的人更小。中央沟与壳核都是负责运动功能的重要脑区。因此，左撇子纠正为右撇子的经历，可能重塑了大脑功能，可能对他们运动能力的获得与发展造成影响。利手被改变的人的书写能力也可能受到影响[45]。

总之，纠正利手习惯不会对关键语言功能区（例如布洛卡区与威尔尼克区）发展造成明显的负面影响。因此，如果父母对孩子左利手习惯进行了纠正，也不必过度焦虑。实际上，即使改变了利手习惯，人们也能够很快适应这种变化，大脑功能或结构会进行适应性的重塑，维持正常的语言或其他能力的发展。

 ## 语言的遗传基础

语言能力是非常复杂的高级能力，但婴儿在没有任何直接指导和主动学习的情况下，可以轻松学习世界上任何一种语言。这种天赋背后，除了大脑基础，还有基因。语言相关基因调控大脑形态，影响对语言输入的反应，形成不同的语言能力。而语言学习的环境又可能影响基因表达，反过来扩大语言个体差异。因此，基因和环境的交互影响塑造了人类语言能力的差异。而在语言障碍人群中，遗传因素能够解释超过50%的语言能力变异[46]。

FOXP2是目前发现的最重要的语言基因，这个基因是在家系研究中发现的[47]。有一个被称为KE的家族，家族成员中有超过一半的人出现了口语和书面语言发展障碍。其中，最为明显的问题是儿童期口语障碍，表现为说话过程中口语运动系统障碍，无法快速而精准地整合与口语运动相关的肌肉群，导致说话很慢、很费力。生理分析发现，这个家族的成员在FOXP2这个基因上出现异常。这表明，FOXP2是调控语言能力发展的关键基因。后续大量的研究，包括语言障碍的研究，都证实了FOXP2与语言能力的关系。FOXP2基因的变异可能通过影响大脑语言功能偏侧化而影响语言行为。功能磁共振扫描发现，在语言产生中，KE家族中未出现语言问题的成员在语言任务中表现出典型的左侧优势，在口语重复任务中则表现出双侧模式。而出现语言障碍的成员在所有任务中表现出更明显的双侧激活模式[48]。这表明，FOXP2影响到KE家族成员大脑语言功能偏侧化，最终导致语言能力异常。

除了FOXP2，还有一些其他基因也与语言能力有关。比如，DYX1C1、ROBO1、KIAA0319、DCDC2和MRPL19/C2ORF3与阅读障碍有关，而CMIP和ATP2C2与特定型语言障碍（specific language impairment，SLI）有关。在正常人群中，采用全基因组关联技术发现了一些与语言能力关联的基因，如与交流能力相关的SCN11A、与婴儿的词汇表达能力相关的ROBO2。

上述研究都是来自对拼音文字的研究。那么，不同语言的相关基因是否存在差异呢？汉语与拼音文字差异巨大，汉语基因研究为语言遗传基础的普遍性与特异性提供了重要线索。5~11岁汉语儿童中，DYX1C1的多个位点与汉字正字法加工存在关联[49]。这说明，基因与阅读的关系在不同语言系统中存在普遍性。此外，一些与口吃相关的基因在汉语阅读障碍儿童中也被发现，包括GNPTAB、GNPTG与NAGPA[50]。这说明，口语障碍与阅读障碍可能存在共同的遗传基础，这为汉语阅读障碍儿童的矫治提供了新的思路。比如，可以采用一些基于口语的训练来矫治阅读障碍。

狗能听懂人类的指令吗

狗是人类最好的动物朋友之一，在我们的生活中扮演着重要角色。狗可以做宠物，而一些经过特殊训练的狗还能发挥它们的特长，在很多领域为人类做贡献，包括导盲、禁毒、防爆与抢险救灾等。生活中我们常常看到一些人对着狗说话，比如呼唤它们的名字、言语"表扬"或"批评"它们等。那么，狗真的能听懂人类的语言吗？它们的大脑是不是也像人类的大脑一样存在语言功能区呢？

来自匈牙利的科学家进行了一次非常有意思的实验去考察这个问题。科学家采用功能性核磁共振成像技术扫描了狗听到人类声音时的大脑活动情况，探测狗是否理解人说的话。

分析发现，与人类一样，狗狗们也是采用不同大脑半球独立处理单词和语调，左侧大脑负责处理词汇信息，而右侧大脑负责处理语调等情感线索信息。更有意思的是，狗狗们的大脑左半球能够对表扬它们的词语做出特定反应，无论人们用的是什么语调。但是，只有当人们所说的赞扬词语和语调匹配的时候，才能激活狗大脑的奖赏系统[51]。这说明，狗具有理解人类单词的能力。但是，6个月之后，研究人员发布了一份勘误说明。他们发现，在最初的报告中，他们在扫描中混淆了大脑两个半球的观测数据。因此，狗狗们可能不是利用大脑左半球处理语言，这与人类是不同的。

不管怎样，这项有意思的脑科学研究表明，狗狗们对赞扬词语和语调是有特定反应的，它们能"听懂"人类的语言，大家要多多鼓励它们。要注意的是，表扬它们的时候，需要将词语与语调相互配合，这样才能激活大脑的奖赏系统，让它们真正体验到得到奖赏的快感。

四 儿童语言发展轨迹

1. 听觉语言能力发展

语音感知能力是儿童早期语言发展的核心能力。婴儿实际上对任何语言都具有敏感性,能够很快区分出语音信息,比如押韵的语音。但是,孩子到了1岁左右,由于长期生活在某一种母语环境中,这种天生的语音敏感性就逐渐消失,变成只对长期接触的母语敏感。

(1) 听觉语言能力发展轨迹

婴儿借助语音信息来认知世界并与之互动。3个月的婴儿在识别妈妈脸孔时,如果配合妈妈的声音,他们能更快速地识别[52]。4~5个月的婴儿能够识别自己的名字。但对其他常见的词汇,比如每天都听到多次的"宝贝"这类词语,他们要到6个月才能识别[53]。初为父母的人喜欢与孩子对话,常常对着婴儿表明自己的身份:"我是爸爸/妈妈"。孩子们能够认出他们来吗?实际上,到6个月左右,他们已经能把"爸爸""妈妈"这类词语的声音与具体的人联系起来,识别指代对象[54]。到9个月时,婴儿对一些特定语音特征逐渐敏感,例如对"音位(能够表达意义的最小语音单位)"的敏感性[55]。

在1岁左右时,孩子就具备了分辨词语的能力。如果听到发音错误的常见词语,他们都能够识别出来。例如,当听到大人说"球在哪儿?"时,14~15个月的孩子就会去注视球[56]。即使大人的发音不太标准,孩子依然能识别大人说的是"球在哪儿"。这是因为,孩子在这个阶段已经对词语建立了比较灵活的语音表征,即使存在语音变异,依然能够识别。但是,对于不常见的新词,他们的语音识别能力要滞后一些。例如,14个月的孩子学习新词时,如果遇到两个语音相似的词语,他们难以辨别语音差异,就难以学会。随着年龄增长,孩子会重新组织对语音细节的加工模式,以便从听到的语音中学习新词,扩充词汇量[57]。到了17~20个月的时候,这种区分能力才能很好地表现出来[58],相似的语音与不同的物体关联,孩子依然能学会[56]。而且,孩子从听觉中获取的词汇量越大，他们的学习效率越高。因此，在孩子早期语言能力发展的过程中，父母与孩子充分地交流，输出更多的语音信息非常重要。

　　口语是一种连续的语音流，中间没有任何停顿。要想听懂别人的语言，就需要发展出一种把语音流切分为语音单元的能力。词语是语音理解的基本单元，把连续语音切分成词语是孩子语音知觉发展的重要环节。实际上，孩子在2岁半的时候，就完全具备这种能力，他们在不同阶段根据不同线索切分连续语音。一种策略是基于语音转换的概率[59]。根据大量的听觉经验，孩子通过统计学习的方式认识到语音转换的概率，从而学会分割语音流中的词语，识别词语。这种语音统计学习能力在孩子8个月的时候发展起来。例如，只要给婴儿听2分钟的语音，他们就能分辨出不同转换概率的词语，从而区分出词语的边界。而重音的位置也是孩子识别语音流中词语的重要线索[60]。

　　母亲言语的质量与孩子语音知觉分辨能力密切相关。研究发现，母亲口语的清晰度与婴儿辨别听觉语音信息的能力关系密切[61]。因此，大人对孩子的语音输入质量是孩子听觉语言能力发展的关键。

（2）听觉语言能力发展的大脑基础

　　脑发育是听觉语言能力发展的神经基础。负责语音信息提取的脑区主要是双侧颞叶，是发育最早的语言功能区。脑功能磁共振研究发现，刚出生4天的新生儿与2个月的婴儿都能够分辨母语语音，大脑左侧颞叶（包括颞上沟和颞平面）被显著激活，而且表现出明显的左侧化优势。这说明儿童早期就已经开始分化出大脑语言功能区[62]。此外，对语音的辨别，如ba与ga，29周的婴儿在左侧额下回就表现出对这两个音节的不同反应。这说明左侧额叶是负责婴儿音素加工的脑区[63]。这些脑科学的发现说明脑发育是儿童早期听觉加工能力发展的生理基础。在语言能力发展过程中，儿童的语音识别能力不断增强，源于相关脑区功能和结构发展的支持。

做一个"主动倾听者"

积极倾听是促进儿童早期语言能力发展的重要策略,是指对说话者给予充分的关注,并努力理解说话者所传递的完整信息。相反,被动聆听是指简单地听到说话者在说什么,而没有真正尝试去理解话语内容。积极倾听体现在倾听时语言和非语言的外在表现中。比如,正面强化、记忆和提问都是积极倾听的语言标志,而非语言标志包括微笑、点头、做手势和任何避免分心的行为。积极倾听还包括鼓励对方与你交流,这意味着承认对方的观点,并能够用自己的话复述对方所说的话。

对于5~6岁的儿童,他们已经能够排除干扰,注意力集中地倾听10分钟以上了,这个时候,主动倾听开始变得越来越重要。入学以后,学生积极倾听的能力对建立课堂内外所需的沟通技能具有重要影响。而当学生被动地倾听时,他们无法保留信息,因为他们很容易分心。拥有积极倾听技巧有很多好处,除了在课堂上能更好地理解教学内容,还能更好地沟通以解决问题。做一个积极的倾听者也反映了个体良好的性格与意志力,这也是一个团队领导者的重要素质。积极倾听是一项"软技能",与解决问题的能力、领导力和团队协作能力一样,是一项后天获得和发展的技能,但需要长时间培养和练习。

那么,如何培养主动倾听的能力呢?以下是一些简单的策略。

1. **保持眼神交流**。教孩子在说话时保持目光接触。可以逐渐让他们知道目光接触的重要性以及对未来长远发展的好处。能在谈话时保持目光接触的人具有积极、诚实、自信、热情、可靠、温暖和善于交际等特质。同时,这也有助于提高孩子的注意力,会让他们成为积极的倾听者。

2. **与孩子对话**。告诉孩子有趣的事,同时以提问的形式进行对话。这将有助于孩子掌握概念。谈论每天的事情,比如,你今天做了什么,或者今天过得怎么样。养成在谈话中叙述日常琐事的习惯。

3. **讲故事给孩子听并提问**。在和孩子一起读故事书时,以对话的形式问他们几个简单的问题。这有助于确定孩子是否在认真听讲。

4. 鼓励复述。鼓励孩子复述说话者所说内容。这将确保孩子一直在认真听,并充分理解话语内容。

5. 让孩子自主听故事。可以选用有声故事书等材料,引导孩子成为积极的倾听者。

2. 说话能力发展

说话能力的发展是儿童认知发展的一个里程碑,它为儿童认识世界打开了大门。口语的产生涉及多个认知加工过程,包括概念提取、词语提取、语音编码、言语运动,以及听觉反馈。尽管口语的认知加工过程复杂,涉及多个身体发音器官,但在日常对话中,这些加工过程能在极短的时间内完成。人类正常说话的速度达到每秒6~9个音节(或20~30个音位)。在语言发展的所有阶段,说话能力的发展晚于理解能力的发展。例如,儿童可以听从大人的指示,明白"不要碰那个东西"这类命令,但他们还不能说出这样复杂的句子。

(1)说话能力发展轨迹

事实上,孩子与成人的交流在出生后不久就出现了。在3~4个月大的时候,婴儿就会以一种特定的方式与外界交流。婴儿在看到大人说话的时候,他们会倾向于安静下来倾听,而当大人停止说话,他们便发出更多的声音[64]。这种表现其实是孩子与外部世界的一种"交流",这种交互模式的出现能够帮助婴儿与父母(抚养者)之间建立一种顺畅的轮换交互过程,类似于大人"你来我往"的对话。有趣的是,我们经常发现,父母也会模仿婴儿说话。成人会以一种特定的说话方式回应婴儿的需求和无意识的声音,这叫"父母语"或"妈妈语"。当母亲模仿婴儿说话时,婴儿发出声音的机会就更多了,这是促进儿童说话能力发展的重要手段。大人与婴儿交互过程中,涉及一种认知机制,叫"共同注意",即婴儿与大人注意相同的物体或事件。那些体验较多共同注意的孩子,他们以后的注意力会保持得更持久。在语言能力方面,共同注意越多,孩子说话越早,词汇积累速度越快。这是因为,共同注意可以帮助婴儿意识到自己与他人具有共同目的或目标,构建了婴儿与成人沟通的"桥梁",帮助婴儿更好地理解成人世界语言标签的含义。

口语词汇量增加是儿童语言能力发展的基础。18个月左右的孩子通常掌握了3～100个词语,这些词语与他们的生活密切相关,涉及生活中常见的物体。在12～18个月这个阶段,孩子能说出一些单字词,但有时也会出现中间停顿的现象,比如把"吃饭"说成"吃"。总体而言,儿童发音能力的发展包括以下几个阶段。

哭。婴儿一出生就能哭泣,哭声是一种前语言阶段的声音,还不具有语言的功能。有观点认为,父母可以通过婴儿的哭声来判断他们的需求。但是,发展心理学家研究发现并不一定能做到。研究者找到一些婴儿的父母,记录下婴儿的哭声,然后让父母听录音(哭声),并判断婴儿哭声代表的需求。结果发现,父母并不能根据哭声本身来准确判断孩子的需求。父母实际上是根据孩子哭泣时的整体情境来判断孩子需要什么,而不是哭声本身的特征。比如,冬天带孩子走到室外,一阵风吹过,孩子哭了起来,这个时候大人推测是不是孩子感到寒冷了。大人的这种判断实际上是基于整个情境,而不是哭声中的声学特征。

喃喃语。1～2个月的婴儿开始发出哭声之外的一些声音,从声学特征上来看,这种声音类似元音,被称为咕咕声。

咿呀学语。3～4个月的婴儿能够发出大量的辅音,被称为呀呀语。在这个阶段,孩子的说话能力开始萌发,主要是由于大脑的发育。但是,如果在这个阶段孩子没有听到人类的声音,就不能继续发展口语能力,这会导致语言发展迟滞。6个月左右的婴儿能同时发出辅音和元音,并将其组合起来生成音节。这些音节以序列的形式重复出现,咿呀学语的语调越来越接近人类真正的语音。

正式说话。一般来说,孩子在12个月大时说出第一个词语。但是,具体什么时候开始说话,个体差异非常大,一般在8～18个月。12个月左右的婴儿发出越来越多的母语中的语音，不再发出非母语的语音。比如，日本的孩子在8～10个月的时候，分辨英语语音的能力就下降了。换句话说，随着在母语环境中语言经验的增加，孩子对母语中语音信息的知觉能力增强，而对其他语言中语音信息的知觉能力减弱[65]。

双字词阶段。通常在1岁半到2岁，孩子开始学会组合两个词语形成短语。这时候，孩子会经历一个词汇量快速增长的阶段，基本上每周增加10～20个新词。同时，孩子识别口语词汇的速度加快，记忆、分类以及判断说话者意图的能力也在提高。掌握了约200个词语后，他们开始使用双字词，例如"吃饭饭""开车车"等。这种双字词跟电报类似，只表达核心内容，省去了介词、形容词等，也被称为电报式语言。

成熟阶段。到6岁左右，孩子大约掌握了10000个词。8岁左右的孩子才能形成自己比较稳定的口音。

对于汉语儿童，我国学者开展了大量的研究，并建立了0～6岁儿童的语料库。通过分析语料，语言学家总结出汉语儿童语言能力发展的阶段。汉语儿童习得元音、辅音的顺序与拼音文字（如英语）等语言的习得顺序相似。汉语儿童早期口语发展大致分为三个阶段[66]。

阶段一 — 单音发声阶段（0～4个月）。这个阶段，婴儿发音处于萌芽阶段，2个月时，会发出类似汉语单韵母的简单元音。

音节发声阶段（4～10个月）。婴儿在这个阶段的发音以辅音和元音组合的音节为主，逐步从单音节发声过渡到重叠多音节发声。 — **阶段二**

阶段三 — 前词语发声阶段（10～18个月）。这个阶段，汉语儿童能够发出不同的辅音组合元音的音节，发音形式更加接近成熟的口语表达，有重音和声调。

汉语是一种声调语言，不同的声调能够代表不同的语义。汉语普通话有四个声调。比如，ma这个音节，一声、二声、三声与四声可以代表不同的语音和语义，例如"妈、麻、马、骂"。因此，汉语儿童声调知觉能力提升是语言能力发展的重要一步。研究显示，汉语儿童在1岁半左右就完成了声调的学习[67]。一些方言的声调比普通话的声调更复杂，学习起来会更难，比如粤语中的声调[68]。

婴儿口语能力的发展与他们的选择性注意密切相关，应帮助婴儿把注意力放到相关的刺激上。其中，婴儿把注意力放到说话者口腔部位是重要一步。口腔运动与声音形成的视-听刺激包含丰富的视听信息，帮助婴儿掌握母语发音动作形式。婴儿在4~8个月时将注意力从眼睛转移到了嘴巴上，无论是对母语还是外语都是这样。到12个月时，婴儿的注意力又回到眼睛上，但只对母语有反应。第一次转移使婴儿能够获得冗余的视听语言线索，学习母语的口语发音形式。第二次转移是因为随着母语知识的增长，将注意力转移到眼睛上，以便获得社会线索[69]。因此，父母与孩子的语言交流可以提高孩子对视听语言刺激的选择性注意能力，进而促进口语能力发展。

儿童口语能力的发展主要表现为词汇量的增加。2岁左右时，儿童可以掌握大约200个词语。但到6岁左右时，儿童就可以掌握大约10000个词语了[70]。当然，这种发展不是匀速的，有的时候快，有的时候慢。在这个阶段，儿童学习词汇主要是通过快速映射的方式，即遇到一个新词的时候，他们能够快速把这个词与头脑中潜在的一个概念联系起来。儿童还有一种词汇学习策略是通过把新词与已经掌握的词进行对比，理解新词并在大脑词汇库中加入新词的符号意义。有趣的是，研究发现，中国、日本和韩国的儿童对动词的掌握尤为迅速，而欧美国家的儿童学习名词的速度较快[71]。

（2）说话能力发展的大脑基础

口语产生涉及的大脑区域包括左侧额下回（布洛卡区）、运动区（腹侧运动区、辅助运动区与皮质下运动区）、听觉脑区（包括威尔尼克区）、岛叶、感觉联合区与小脑等多个脑区[72]。我们的大脑中存贮着词语或音节的运动表征，而这些运动编码就是由前部腹侧运动区负责加工。听觉功能区与躯体感觉功能区也是言语产生的重要脑区，负责形成口语的预期和反馈信号。我们在说话时，口语产生系统一直在高速运转，需要不断预测下一个需要产生的语音，以及对已经产生出来的语音质量进行反馈，帮助口语产生，并不断修正口语中的错误信息。因此，听觉与运动脑区形成的神经环路对于流利口语的形成至关重要。岛叶也是言语产生的重要脑区，负责构音运动控制[73]。而小脑是一个运动中枢，负责运动执行。在言语产生过程中，小脑负责整合运动和感觉联合区的神经环路，以及控制言语运动器官的协调性[74]。

婴儿什么时候知道你在叫他的名字

孩子在婴儿时期时，父母跟孩子交流的过程中使用最为频繁的词语就是他们的名字。那么，婴儿在什么时候能听懂别人在叫他们呢？婴儿识别自己的名字，不仅可以帮助他们把声音和意义联系起来，还可以帮助他们建立"自我认同"。

为了探究这个问题，美国印第安纳大学的儿童心理学家做了一系列有趣的测试。他们找来了24名4个半月的婴儿，一半男孩，一半女孩。研究人员收录了婴儿自己名字的声音与其他干扰声音（比如其他婴儿名字的声音），然后，把这些婴儿放到一个观测装置里面，给他们听这些声音。研究人员通过观察婴儿的"转头反应"来判断他们是否更加注意自己的名字。结果发现，这些4个半月的婴儿，他们对自己名字的注意时间显著长于对其他婴儿名字的注意时间[53]。这表明，4个半月左右的婴儿已经能够识别自己的名字了。

从语言理解的角度看，婴儿需要到8个月左右才能理解听到的词语，那为什么对名字的理解更早呢？实际上，婴儿对声音的识别是基于他们对声音模式的判断。婴儿之所以能够识别自己的名字，是因为经过多次重复，他们能够很好地区分名字的声音模式跟其他声音模式。因此，如果在4～5个月这个阶段呼唤孩子的名字，实际上已经能够与孩子形成有效的交流与互动。

3. 阅读能力发展

"股神"巴菲特的秘诀

"股神"沃伦·巴菲特创建的伯克希尔·哈撒韦公司每年都会召开年度股东大会，在问答环节，巴菲特和老搭档芒格总会为大家献上精彩的"二人转"。2007年时，一位来自美国旧金山的年轻人问巴菲特："要想成为一个好的投资者，最好的方法是什么？"巴菲特的回答是："阅读。"为什么巴菲特这么迅速而干脆地给出了这个答案？这是因为他多年受益于阅读。巴菲特从小就有良好的阅读习惯，他自称10岁时就把奥马哈市图书馆所有关于投资的书读完了。他的投资伙伴芒格这样评价巴菲特："我这辈子遇到的来自各行各业的聪明人，没有一个不是每天阅读的，一个都没有。而沃伦·巴菲特读书之多，可能会让你感到吃惊，他是一本长了两条腿的书。"

阅读是指识别视觉文字符号并提取语音与意义的过程。阅读涉及多个层面，字词识别是阅读的基础，段落与篇章阅读是高级阶段。阅读能力对一个人终身发展都起着至关重要的作用。儿童时期是大脑发育的关键阶段，在阅读过程中，儿童大脑的语言、注意、情绪、想象力与运动相关脑区都得到广泛的刺激，可以有效促进大脑发育。

阅读能力不是一种天生的技能，是后天学习的结果，需要正式的学校教育才能发展。阅读是把早期获得的语音、语义信息与视觉文字建立联系，从而识别与理解文字符号的意义。因此，口语能力是阅读能力发展的基础，随着文字视觉经验的增加，阅读能力的发展就是建立语音与视觉文字系统的连接。婴儿在很早就有了这种建立听觉-视觉符号联系的能力。

（1）阅读能力发展轨迹

玛丽安娜·沃尔夫（Maryanne Wolf）在她的书 *Proust and the Squid: The Story and Science of the Reading Brain*（2008）中，把阅读能力的发展分为五个阶段。

阅读萌芽阶段（6个月至6岁）。在最初阶段，儿童对多种声音、词语、概念、图像、故事、识字材料以及谈话进行了全面的采样和学习，为入学后阅读能力的发展打下基础。

阅读新手阶段（6~7岁）。在入学初期，儿童接受正式的阅读教学，训练阅读能力。在这个阶段，儿童主要学习并建立字母与声音、视觉文字与口语之间的关系。同时，孩子开始阅读小故事，并用新学的语音解码技能去"读出"新词。

阅读解码者阶段（7~9岁）。在这个阶段，儿童开始以越来越流畅的方式阅读熟悉的故事和语段。在这个过程中，孩子通过阅读熟悉的故事和语段来巩固基础语音解码技能、理解视觉文字。

流畅阅读者与理解型阅读者阶段（9~15岁）。在这个阶段，阅读被作为工具，用来获得新知识、新感受、新态度以及从多角度探索问题。阅读涉及的材料类型变得非常丰富，其中包含新词汇、新句法、新思想和价值观。

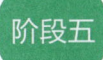

专家型阅读者阶段（16岁以后）。作为一个成熟的阅读者，学习者从广泛的材料中获取知识。

语音意识是阅读能力的核心因素，指个体对语音结构的敏感程度。比如，当听到一个音节"shuang"，要求删除首音（sh）或中间音（u），说出剩下的语音（ang）。如果删除中间音"u"，儿童需要说出"shang"。完成这种任务的能力，就体现了语音意识的水平。拼音文字阅读中，核心过程就是解码视觉词的语音，通过语音与语义的连接识别意义。语音意识的发展具有两种典型的模式。第一，随着年龄的增长，儿童会逐步对语音的部分信息变得敏感。起初，儿童只能加工音节层面的语音，之后逐渐对首音和押韵等部分信息进行加工，最后对音位信息进行操作。第二，儿童先具有整合语音成分的能力，再有分解语音成分的能力[75]。阅读能力的发展与语音意识的发展相互促进。

汉字阅读具有非常鲜明的语言特色。汉字是一种表意文字，缺乏像拼音文字那样的字形与语音对应规则，必须通过"死记硬背"的方式学习汉字。此外，汉字包括大量形声字，这增加了汉字形-音对应的复杂程度。长期致力于儿童语言发展研究的周兢教授曾将汉字识别分为三个发展阶段。

一是萌发阶段（4岁）。这个阶段儿童能意识到文字和图画的区别，初步形成了文字意识，但是尚不能意识到文字所能承载的信息，以及文字和图画承载信息的不同。

二是探索阶段（5岁）。这个阶段儿童能意识到文字承载特定信息，对文字注视次数增加，但是对文字传递信息的认识尚不稳定。

三是类文字阶段（6岁）。这个阶段儿童对文字的敏感性增强，已经开始形成文字规则意识，能够识别汉字的不同结构，努力通过文字获得图画故事的意义。汉字实验研究发现，3岁儿童较难区分汉字与看起来像字的符号，4~5岁儿童对汉字笔画特征有了一定意识，6岁儿童对汉字偏旁组合的意识显著增强。

总体而言，5~6岁是汉字字形认知发展的重要时期，笔画意识出现较早且发展很快，偏旁组合意识出现较晚且发展较慢[76]。到了小学阶段1~2年级，随着文字经验的增加，儿童具备了成熟的正字法意识。

语素意识是汉语阅读能力发展的重要因素，是指对词语中语素的加工能力，有助于在汉字识别中快速提取语义信息。汉字中有许多双字词，比如"花生"这个词,"花"和"生"就是两个语素,可以跟不同字组成意义完全不同的词语。测试语素意识时,可以让儿童判断两个含有相同语素的词意义是否相同,比如"花生"和"生气"都有"生"这个语素,但是意义完全不同。测试语素意识就是测试儿童对这种语义变化的敏感性。

尽管语音意识在汉字阅读过程中的作用不像在拼音文字中那么重要,但也有对汉字阅读的研究发现,正字法意识在汉字阅读早期(小学低年级)发挥主要作用,语音意识在小学高年级发挥主要作用[77]。所以,培养儿童汉字阅读能力,语音方面的训练也不能忽略。

汉字阅读与拼音文字(如英语)阅读有明显区别。比如,与拼音文字不同,汉字阅读核心因素是字形(正字法)意识[78]与语素意识[79]。3岁左右的儿童就能把文字与其他的视觉符号(字母与图形)分开,开始形成字形意识[80]。6岁儿童对汉字字形组合的认知显著提高,5~6岁是汉字字形认知发展的关键阶段[76]。

(2)阅读能力发展的大脑基础

阅读加工涉及左侧额下回、左侧额中回、顶下小叶、颞上回、颞上沟、视觉皮质与小脑等多个脑区。早在1925年,著名学者塞缪尔·奥顿(Samuel Orton)就提出关于阅读能力发展脑机制的假说。他认为,右侧视觉加工脑区对快速识别词语起到干扰作用,儿童需要在阅读能力发展的过程中逐渐脱离右侧脑区的干扰。背-腹侧阅读神经理论假说认为,早期阅读能力发展主要依赖左侧颞顶叶-额下回的背侧神经通路来处理语音解码,后期阅读能力发展则主要依赖左侧颞下回的视觉词形区(VWFA)来快速识别文字[81]。研究者纵向考察了6~22岁阶段与阅读能力发展相关的脑激活,发现阅读能力发展伴随大脑左侧颞中回与额下回的活动上升,伴随大脑右侧颞下回皮质活动降低。在阅读能力发展的早期阶段,左侧颞上沟的活动与语音意识成熟相关。颞上沟是一个负责感觉整合加工的大脑中枢,在阅读过程中,负责把听觉语音单元(比如音素)与视觉单元(比如字母)整合起来[82]。

大脑结构特征对儿童阅读能力发展非常重要。VWFA是负责文字阅读的重要脑区。儿童在5岁左右时,即使还没有真正学会阅读,其VWFA已经与附近脑区表现出不同的结构连接模式。这种结构连接模式能够预测8岁时的功能连接模式，这说明儿童视觉词语识别脑功能区的发展受到脑结构的约束[83]。弓状束与下纵束是连接后部脑区与前额区的重要神经通路，这两条通路的发展与阅读能力密切相关。研究显示，7~15岁的儿童表现出不同的发展模式：阅读能力高于平均水平的儿童，这两条通路连接的发展表现为起点低，但是一直呈现增长的趋势；阅读能力低于平均水平的儿童，则表现为连接质量一直呈现下降的趋势[84]。

汉字阅读的脑机制存在文字特异性。在拼音文字中，语音加工涉及的脑功能区包括左侧额下回、左侧颞顶与左侧颞枕叶，而汉字语音加工涉及左侧额中回、左侧顶下小叶背侧、双侧颞枕叶与左侧额下回[11]。汉语跨生命周期的研究也发现，汉语阅读能力的发展模式与拼音文字明显不同。汉语儿童在6~7岁时已经使用跟成人相同的大脑阅读网络，而拼音文字中，儿童到10岁时，左侧额叶阅读脑区活动依然处于发展过程中。这说明，在阅读能力发展初期（6~7岁），汉字阅读与拼音文字阅读的差异就已经显现[85]。

无论在哪种语言中，阅读能力的发展与大脑的发育是相辅相成的。一方面，大脑功能和结构的发育支撑了阅读能力的发展。另一方面，阅读能力的发展又促进了大脑功能和结构的发育。在学龄前阶段，儿童早期阅读的关键是做好阅读启蒙，培养阅读习惯。这种习惯在入学以后对学业具有深远的影响。孩子如果在入学以前就形成了良好的阅读习惯，体验过通过阅读的方式去认识外部世界的乐趣，就会在今后的学习生活中持续应用这种方式。

在电子信息时代，孩子的成长环境中出现了大量的多媒体信息，他们可以通过多样化的方式获取知识。但是这种快速与强刺激的学习形式对注意力造成非常大的压力。换句话说，当孩子们适应了这种刺激强烈的学习形式以后，他们就难以把注意力放到刺激较弱的文字学习中来。所以，在早期阅读习惯的培养过程中，注意力的培养也很重要。

知识小贴士

汉语儿童阅读能力促进

汉语阅读能力的发展需要经历不同的阶段，在不同的阶段需要采用不同的提升方法。研究汉语阅读的著名学者舒华教授曾指出，早期儿童的阅读促进包括给儿童读故事、分享阅读、指导性阅读和独立阅读等多个阶段。

给儿童读故事阶段主要是提供机会，让儿童开始观察别人的阅读过程，享受自己听故事的乐趣。在这个阶段，阅读材料内容应丰富，而且应符合儿童的听力理解水平。主要目的是培养儿童对阅读这件事情的喜爱，让他们萌发出阅读的动机。同时，通过熟悉各种类型的故事，可以丰富儿童的词汇量，并促进其口语能力的发展。

分享阅读阶段的主要特点是儿童更加主动地参与阅读过程，父母或老师有机会帮助儿童开始注意文字，了解字形、字音与字义，帮助儿童建立书面文字与口语词汇的联系，扩展词汇量，并学习丰富的背景知识。通过儿童与父母、老师的互动，帮助儿童享受阅读的快乐。在这个阶段，所用材料的内容、句式、词汇要相对简单，内容之间的推理也要相对简单，句式与词汇会重复出现，让儿童在阅读中巩固对词汇的认识。

指导性阅读阶段是指在老师指导下，儿童自行进行阅读活动的阶段。这个时候，应使用精心选择的读本，老师在儿童阅读、讨论时给予及时的指导，扩展儿童的口语词汇与一些世界知识，并引导儿童使用合适的理解策略。指导性阅读能够帮助儿童发展阅读需要的思维技能，为下一步独立阅读做好准备。在儿童学习阅读的初期，通过创设良好的氛围，培养儿童对书籍的亲切感以及对阅读活动的胜任感，是自主阅读能力发展的第一步，也是非常关键的一步。

4. 书写能力发展

书写是语言表达的重要形式。学龄儿童有超过50%的在校时间需要完成与书写相关的学业任务，书写能力对学业成就具有直接的影响。但是，国际上，有11%~12%的女生与21%~32%的男生表现出不同程度的书写困难[86]。在我国，有约8.6%的学生存在书写困难[87]。同时，书写困难也是多种儿童发育性脑疾病常见的行为症状，包括阅读障碍、注意缺陷多动障碍与自闭症（即孤独症等，书写缺陷对他们的学习与心理健康发展造成严重阻碍。数字时代背景下，书写频率降低，"提笔忘字"现象日益严重，书写困难问题日益突出。儿童书写能力培养与提升引起了广泛关注。例如，教育部出台了《中小学书法教育指导纲要》等多项政策规定，从国家制度层面保障学生书写能力的培养。近年来，中央电视台播出的《中国汉字听写大会》受到全民热捧，表明汉字书写能力的培养存在广泛的社会需求。相对于"听""说""读"，"写"是儿童最晚发展的一项语言能力。尽管学龄前儿童还不需要进行正式的书写学习，也没有书写的学习需要，但是作为一种精细运动能力训练，学龄前儿童如果进行一些书写练习，对后期语言、认知与运动能力的发展都十分有益。

在数字输入盛行的今天，为什么还要强调汉字书写能力？首先，汉字书写能力是写作的基础。作文是儿童学业能力发展的一个重要方面，对学习成绩影响显著。书写能力影响写作过程中的输出。如果书写能力发展不充分，会占用大量工作记忆和认知控制资源，导致语言层面的加工缺乏加工资源，最后导致作文写作困难。其次，汉字阅读能力的发展依赖书写。汉字是一种表意的文字，缺乏形-音对应的一般规律。因此，儿童只有通过"死记硬背"的方式记忆字形，并把字形与字音、字义联系起来。汉字教学过程中，一般采用大量抄写的方式进行。这种抄写一方面可以促进字形记忆，另一方面可以形成对文字书写的"运动记忆"。在阅读过程中，运动记忆会自动激活，帮助我们更为高效地识别文字信息。因此，早期书写训练是汉语阅读能力发展的坚实基础。

（1）书写能力发展轨迹

书写涉及复杂的加工过程，可以分为中央过程与外周过程两大部分。语言与认知层面加工（字形通达）属于中央过程，而运动执行加工属于外周过程。作为一项复杂的认知能力，书写成熟需经历漫长发展过程。入学后，儿童接受系统书写教育，伴随大量的日常练习，书写能力逐步发展成熟。实际上，在入学之前，我们能观察到一些儿童"非正规"书写行为。比如，儿童书写都是从涂鸦开始，2～3岁时，儿童开始对画画感兴趣。儿童涂画是从随机线条开始，后来逐渐变得有方向性，同时出现一些能代表某些意义的绘画。在涂鸦过程中，儿童逐步理解文字可以传递意义，发展出书写能力。书写行为的萌芽一般发生在3~5岁，一直持续到小学一年级之前。书写能力发展反映在笔迹质量与书写速度两个方面。拼音文字中，书写质量在小学低年级逐步提高，表现在字形准确性提高、字体减小、整齐性提高、字母或词之间的衔接更好等多个方面。书写速度是评价书写过程的另一个核心指标。随着电子书写记录设备的引入，书写能力的发展表现在持续时间、字母运动速度、加速度与停顿等方面。

汉字视觉结构非常复杂。笔画是汉字的最小视觉单元，笔画组成偏旁或部件。汉字可以由笔画直接组成独体字，也可以由不同偏旁或部件组成合体字。另外，汉字没有形-音对应规则，且存在大量的同音字，有着复杂的形-音对应关系。这些特征形成了汉字书写特有的加工机制[88-89]。周兢（2020）把汉字书写能力发展分为7个阶段。

阶段一：书写以随意的线条与无意义的涂鸦为主，儿童还无法意识到自己画的内容与语言文字存在关联。

阶段二：书写出现汉字结构特征，但尚无法传递文字意义。这个阶段的图画尚不能认为是文字，但已经融入了书面语言的经验。

阶段三：能写出数字、字母和一些简单符号。

阶段四：能根据意义画出对应的图形，比如太阳、月亮的图形，这些绘画已经具有文字的特征。

阶段五：能抽象出一些字形，写出一些看似文字的符号，但还难以被识别。

阶段六 书写的汉字已经初步具有了字形的模式，但会出现一些书写错误，比如笔画缺失、增加或替代等。这个阶段的汉字已经能被识别出来。

阶段七 能写出规范的汉字，且能容易地被识别出来。

从发展的角度看，在小学阶段，汉字抄写的准确率随年级升高而提高。在二至六年级儿童中，汉字书写的字体逐渐缩小[90]。汉字书写速度在二至六年级持续提高，其中二至四年级阶段增幅最大[91]。采用电子书写板记录进一步发现，在运动持续时间、停顿、速度变异等多个指标上，小学一至六年级都处于不断提升阶段[92]。书写速度的提高可能与字形"组块"能力的提升有关。小学一年级儿童就已经会使用组块策略，组块容量随着年龄增长逐步增加，从笔画扩展到部件或偏旁。

总体而言，书写质量与速度的发展具有连续性与阶段性特征：（1）书写质量在小学低年级阶段持续提高，在小学高年级阶段处于平台期，但到初中阶段出现下降的趋势；（2）书写速度在一至九年级都处于发展期，发展速度先快后慢；（3）书写的性别差异明显，而且随年龄增长而变化。

（2）书写能力发展的大脑基础

目前，书写的大脑机制研究主要集中在成人阶段，对儿童"书写脑"的研究还处于萌芽阶段。与书写加工相关的脑区包括左侧额上回、额中回、额下回、顶上小叶、顶下小叶、左侧梭状回中部的视觉词形区（VWFA）与小脑等多个脑区。左侧额下沟负责字形长时记忆，而左侧额上沟与左侧顶上小叶负责字形暂时存储[93]。书写运动方面，Exner区是核心脑区[16]，负责视觉-运动编码转换[17]与运动编码长时存储等[19, 94]。左侧后顶叶皮质（顶内沟、顶上小叶、顶下小叶）与小脑参与书写的外周运动部分，包括运动编码与执行控制加工[15, 95]。通过儿童与成人的对比发现，成人在右侧中央前回、额上回与双侧额内侧激活比儿童更强，而儿童在左侧额下回（岛叶与前扣带回）、左侧舌回与小脑的激活比成人更强。这些差异表明，儿童书写能力发展与运动脑功能区关系最密切。运动能力的成熟是书写的基础[96]。

汉字书写脑成像研究处于起步阶段，主要集中在成人阶段[21, 97]。通过引入与磁共振兼容的电子手写板，研究者开展了一系列真实书写状态下的汉字书写脑成像研究。研究发现，汉字书写加工涉及双侧额中回、双侧额上回、中央前回、左侧顶上小叶、左侧顶下小叶、梭状回与小脑等多个脑区[31, 98]。汉字书写运动速度控制涉及额顶网络、注意网络、感知运动网络与视觉网络等多个脑网络，表明汉字书写需要大脑多个神经网络的功能整合[99]。研究还发现，男性与女性在Exner区的激活与功能连接上差异明显，这可能是男性与女性书写笔迹明显差异的原因[18]。汉字书写与拼音文字书写共用多个脑区，但汉字书写涉及更多右侧脑区，这与汉字高度复杂的视觉-空间特征有关。

（3）书写与绘画

对学龄前儿童而言，早期书写与绘画是密不可分的。书写与绘画在手部运动方面具有共同成分，比如视觉-运动整合能力。脑科学研究也发现，负责书写与绘画的运动功能区和后顶叶区大部分重合[100]。儿童书写和绘画能力的发展都经历多个阶段，在早期阶段是重合的。3个月至1岁时，儿童萌发出一个概念，可以通过书写工具在物体表面留下印迹。到了1~1.5岁，儿童开始使用各种书写工具在纸上、鞋子上、墙上、窗户上甚至自己身上画出标记。到了1.5~3岁，儿童已经初步具有书写意识，知道哪些物体的表面可以书写。但在这个阶段，如果没有经过训练，他们的书写笔迹依然是涂鸦居多。也有部分儿童开始出现控制性的书写模式，但大部分是以画圈等简单几何图形为主。到了3~4岁，儿童开始有了意义感，开始关心"我画/写的是什么"的问题。同时，儿童开始能根据具体要求写出或画出特定字母或物体。到了4~6岁，儿童可以写出自己的名字，并能意识到文字符号的特异性；能在同一张纸上写字和画画，可以书写字母或数字，但还不能把声音和字形对应起来。到了6~7岁，儿童开始具备听写能力，可以把声音与书写的字母对应起来。

早期大量的绘画练习训练了书写需要的运动技能，可以促进书写能力的发展。同时，绘画训练还在更高级的语言层面促进儿童作文能力。绘画训练帮助儿童认识客观世界，促进儿童学习客体或人物的词汇，而这些词汇的积累正是作文能力发展的基础。最后，绘画能力也是一种讲故事的能力，通过图形的形式表达思想、传递故事。而这种讲故事的能力对作文也具有启发作用。所以，儿童早期的绘画训练对书写以及作文都是有好处的。

5. 语法能力发展

随着语言能力的发展，儿童学习和使用语言的复杂性不断提高，从字词水平发展到句子和篇章水平。随着语言复杂度的提高，语法加工的能力变得越发重要。语法是一套规则系统，是把单词组成有意义的词组或句子的一系列规则。语法是一种高级语言加工成分，发展起步较晚。

（1）语法能力发展轨迹

有观点认为，语法是人类先天具有的知识。也有观点认为，儿童通过语义来推测语法规则。例如，儿童起初会把那些具有"使动性质"的词语归为主语，把具有动作性质的词语归为谓语动词。然后，他们通过观察这些词语在句子中的使用，把这种归类的方式进行融合[101]。还有观点认为，儿童是通过直接观察语言结构而掌握语法的。他们会注意单词在句子中同一个位置出现的次数，随着经验的增加，把某类词语整合到特定类别中[102]。

在婴儿早期阶段就能观察到一些语法加工的萌芽。比如，在听觉理解方面，6个月大的婴儿已经能够识别出一些短语结构，但需要节律信息作为线索。他们能够探测到一些名词短语，比如"男士手表"，也可以识别动词短语，比如"买手表"等[103]。到了18个月，儿童可以对语法匹配度进行判断，识别不符合语法规则的材料[104]。到6岁左右，儿童能真正理解复杂句子中的主-谓-宾关系。在口语表达方面，2~3岁时，儿童会使用简单的句子，遵循主-谓-宾的顺序，句子的使用按照从简单句子到复杂句子的顺序发展。到3岁半的时候，儿童已经掌握了大量的语法规则。但是，他们对语法规则的使用缺乏灵活性，会始终如一地运用某些语法规则，导致一些错误，出现"过度扩展"的现象。3~6岁时，儿童慢慢掌握更为复杂的语法结构，而且能够更为灵活地应用语法规则表达自己的想法，比如，开始使用简单的被动句形式。

语法能力发展的一个重要表现是说话长度的增加，这是衡量语法能力发展的指标。在英语中，词素是计算平均说话长度的单位。在18~49个月时，大部分儿童说话长度增加表现在新词或新词素的增加。对于汉语而言，语素是最小的语义单位。比如"马路"这个词语，"马"和"路"就是两个语素，在组成这个词语的过程中分别表示不同的意义。在14~20个月时，汉语儿童说话长度为1.23~1.71个语素，从20~26个月开始，汉语儿童平均说话长度从2.63个词增加到2.85个词，这与使用其他语言的儿童表现相似，具体表现为：18个月时1.56个词，24个月时1.99个词，30个月时2.44个词，36个月时2.87个词，42个月时3.31个词，48个月时3.74个词[105]。这表明，在这个阶段，汉语儿童的语法能力发展由单词阶段快速过渡到多词句阶段。

词类加工能力提高也是儿童语法能力发展的重要标志。一般而言，名词加工比动词加工出现得更早[106]。在拼音文字中，1.5~3岁的儿童以掌握实词为主；3~6岁的儿童掌握的词类范围不断扩大，仍然以名词和动词为多数，但其比例随年龄增长而下降。但是，对16~30个月汉语儿童的测量发现，16~17个月儿童会说的动词和名词比例基本相同，而18个月以后，儿童会说的动词百分比要高于名词[107]。这种词类发展的差异反映了语法能力发展的语言特异性。Tardif等人采用自然观察、量表测量和母亲报告三种方法直接比较英语儿童和汉语儿童词汇类别的差异。结果发现，虽然汉语儿童与英语儿童使用名词的比例都要高于动词，但英语儿童使用名词与动词的比例差异更大。在汉语儿童中，并不是所有人都表现出使用名词比例更高的趋势，少数儿童会说的动词和名词比例没有差异，甚至动词多于名词[71]。这种语种的差异可能与亲子沟通中使用的词语类别有关。母语为英语的母亲更强调名词，而母语为汉语的母亲更强调动词[108]。

总体而言，儿童的词汇发展存在一定顺序性，儿童最先学会使用频繁的名词；然后，动词使用增加，表示的都是与日常生活密切相关的动作，如"吃""看""抱"；在形容词中，外部特征词发展较早，例如"好"。词汇发展顺序与儿童认知能力、兴趣和生活经验等多种因素相关。

父母可以为孩子创造丰富的刺激环境，采用多种形式的语言与孩子进行互动，这样可以促进孩子对不同类型词语的应用，对语法能力的发展起到促进作用。同时，不能只重视实词的使用，也要重视虚词的使用。对语言发展存在问题的孩子，经常使用代词、动词和形容词等进行训练，可以帮助他们拓宽日常使用词语的范围，促进语言能力提升。

（2）语法能力发展的大脑基础

脑科学研究揭示了儿童语法能力发展的神经基础。脑电研究发现，两个脑电相关电位与语法加工相关：一个是早期左前负波（ELAN），这个成分被认为反映了语法分解第一个阶段的过程；另一个是顶叶的晚期正波（P600），这个成分被认为反映了语法分解第二个阶段的过程。第一个阶段是一个自动化的加工过程，而第二个阶段是一个控制加工过程[109]。

在句子加工过程中，大脑左侧额下回与双侧颞叶被显著激活，这两个脑区是语法加工的重要脑区[110]。从脑结构的角度看，左侧弓状束与腹侧的下额枕束是语法加工的结构连接基础[111]。在不同年龄段，这些脑区与结构环路不同程度地参与语法加工。

6. 语用能力发展

皮皮今年4岁，上幼儿园中班。一天，他妈妈问他："皮皮，你最喜欢谁呀？"皮皮看到妈妈热切期待的眼神，回答道："我最喜欢妈妈。"

> 这个时候，皮皮瞥见了站在旁边每天照顾他的奶奶，马上又说："我也最喜欢奶奶"，而且把"也"字说得很重。

皮皮这种"识时务"的表现，实际上就是语用能力发展的反映。语言是一种交流工具，是在人类社会交往的情境中发展起来的。语用能力是指在特定的情境中，能使用适当的语言形式表达自己的意图，并能根据不同情境采用适当方法组织语言表达思想的能力。语用能力表现在语言交流行为的习得、儿童谈话技能发展和儿童话语策略等几个方面[112]。语用能力缺陷与一些儿童发展障碍密切相关，比如自闭症儿童无法结合一定的社会交往情境理解他人的语言信息，尤其是一些带有社会隐喻的内容。语用能力具有工具功能（利用语言表达要求和愿望）、控制功能（利用语言调控或调节他人行为）、交流功能（利用语言进行情感交流）、表达功能（利用语言引起他人对自己或自己行为的注意）、启发功能（用询问的方式要求得到对内容的解释，是儿童利用环境认知外部世界的能力）、想象功能（用语言创造自我世界）与表现功能（利用语言告诉别人一些事情）等。

整体上，语用能力可以分为谈话能力与叙事能力两大类。前者是在儿童交谈环境下的语言使用，而后者是指自己单独进行简单或复杂的语言阐述。语用能力是体现在不同情境中的语言能力，会根据沟通情境的不同而发生改变，需要在不同的语言环境中测量。因此，语用能力是比较难测量的一种能力。在拼音文字系统中，多采用Let's Talk与Test of Pragmatic Language两个测试进行测量。这两个测试根据不同话题和对话互动情境，诱发儿童口语反应及其解释说明，探测他们的语用能力。在测试的时候，需要根据测试内容回答问题、提供信息、向人问候、提出要求与表达感受等。此外，还可以用问卷调查的方式考察儿童在家庭、学校和同伴互动中的语用能力。例如，通过询问一些行为表现，了解儿童语用能力发展状况。

（1）语用能力发展轨迹

语用能力的发展表现为沟通交流能力的提升。语用预设指在沟通过程中，说话者充分考虑聆听者的相关背景，在遣词造句方面提供与之匹配的语言信息，这种预设能力的发展与说话者的语言能力、认知水平和推理能力密切相关。3岁之前的儿童还没有发展出这种意识，到了3~4岁时，儿童开始认识到，需要给沟通对象提供充足的信息。

在交谈过程中，每次只有一个人说话，轮流进行。轮换也是语用能力发展的标志，指在对话中找到合适的地方插入话语以便让对话继续下去的能力。轮换是保证对话能继续、不冷场的重要策略。2岁儿童能发展出轮换的初步意识，3岁儿童表现出充分的轮换意识。到4岁时，儿童通过提前说出下句话的起始词语或重复无意义的拉长音，让对方知道自己的话尚未结束，不能轮换。到5岁时，儿童可以维持较长时间的轮流对话，长达十几个来回。

对话流畅性也是语用能力的重要指标，指个体识别、定位和修复对话中的误解和中断的能力。在1.5~2岁时，随着儿童词汇丰富度和可理解度的提升，成人会有意要求儿童去澄清对话中不清晰或令人误解的信息。到3岁时，儿童开始在对话中断的时候进行一些弥补，让对话进行下去。这种主动修复对话的能力发展的基础是儿童具有理解他人观点的能力。

语用能力发展还表现在学会使用礼貌性和符合社会规范的语言形式。在2.5~3岁时，儿童开始根据说话对象的地位和年龄等特征改变语言形式，使用符合社会规范的礼貌语言。比如，儿童对社会地位比自己高、年龄比自己大的对象会使用间接请求的语言，而与同龄人说话时，会使用无条件的命令和直截了当的陈述句式。7~8岁时，儿童明显扩大了语用范围，开始利用形式和语义上的不同手段来实现请求，理解和设计间接请求和暗示等语言形式[113]。

对多语儿童的调查发现，对礼貌性语言的敏感性在3岁前就出现了。儿童根据交谈对象来调整自己的语言选择。这可能也是学习多种语言的获益，让儿童学习到不同语言环境中的语用技能，促进了儿童社会性的发展。

（2）语用能力发展的大脑基础

语用能力发展受到认知、环境与生理因素的影响。从脑功能的角度看，大脑中多个脑区与儿童语用能力发展相关，包括了左侧顶内联合区、左内侧前额叶与后扣带回等。而且，语用能力的脑激活表现出显著的性别差异，女性在前额内侧与腹内侧前额叶等脑区表现出更强的双侧化的激活趋势，而男性表现出左侧化的趋势[114]。

五 儿童语言学习的影响因素

语言学习受到遗传与环境因素共同作用，个体语言学习与发展模式受到生理、家庭、学校与社会环境等因素制约。这些影响因素中的积极成分促进语言能力发展，而消极成分则可能阻碍语言能力发展，甚至导致语言障碍的发生。

1. 生理因素

毫无疑问，基因会影响儿童语言能力的发展模式。一些与语言相关的基因（如FOXP2，DCDC2）调控大脑语言功能的发育，最终对语言行为产生影响。

性别差异是生理因素的重要方面，受到遗传与脑结构的共同影响。男性与女性在听、说、读、写四个方面都表现出明显的性别差异。总体上，在语言发展的不同阶段，女性的语言能力发展比男性好。同时，在各类发展性语言障碍中，男性比例也远远高于女性。语言性别差异与大脑功能与结构密切相关。脑科学研究发现，在语言任务中，男性更偏向使用左侧大脑，而女性倾向于使用双侧大脑[18, 115]。从脑网络角度看，男性与女性也表现出非常显著的性别差异[116]。可以看出，性别是影响语言加工的重要因素，在儿童语言能力的发展与促进中，要充分考虑性别差异的影响。比如，不同性别的干预训练应采用不同的策略。

2. 父母的语言输入

婴幼儿时期接触的环境因素中，父母是核心因素，父母语言输入对儿童后期的语言能力发展影响深远。父母的语言输入包括数量和质量两个方面。在数量方面，如果孩子在早期听到的父母输入的词汇量比较小，那么他们后期口语与书面语的词汇量就更小。调查发现，经济条件较差的家庭，父母输入给孩子的词汇量更小，导致孩子入学前的词汇量更小。同时，母亲的语言风格，包括话语中词语数量、语音数量与长度、词语类型与话题反应数量等，也对孩子的词汇量有明显的影响[117]。

在输入质量方面，父母与孩子交流中意义的清晰性是一个重要指标。比如，播放一段无声的亲子交流视频，观察者能否猜测出来父母是否说到某一个特定的词，反映了父母在亲子交流中表达意义是否清晰。如果孩子能从交互情境中认识到物体或事件的意义，对词汇量增加非常有利。孩子在14~18个月时对父母口语的辨识度与他们3岁以后口语词汇量大小密切相关[118]。

此外，母亲的语言风格存在多种形式。例如，我国9~17个月孩子的母亲主要以陈述句、祈使句、提示语和简单重复为主要的口语表达类型。在与孩子互动的过程中，中国母亲表现出一种"自我中心"的趋势，常常以自我为参照对象[119]。

可以看出，父母的语言输入是儿童早期语言能力萌芽的关键因素。父母在跟婴幼儿交流时，可以从这几个方面努力。

一是简约化。在对孩子说话的时候，要尽量减少语言复杂性，去掉一些辅音连缀，使用简单的结构。

二是可识别性。在说话过程中，适当添加情绪、情感信息，凸显出语言表达的特色。比如，用对孩子的爱称获取和维持孩子更多的注意力。

三是清晰性。在亲子交流过程中，注意增加必要的语言信息，让孩子更容易获得关于物体类词汇的意义，这样可以帮助孩子获得更多的词汇。

3. 早期音乐训练

莫扎特效应

音乐训练能否提升儿童的认知能力？这是大众非常感兴趣的话题。著名的案例之一是"莫扎特效应"。多年前，美国加州大学研究人员想研究音乐训练对空间推理能力的影响。他们将36名非音乐专业大学生分为三组：听莫扎特《D大调双钢琴奏鸣曲》组、听通俗音乐组与无任何音乐刺激组。研究中，先对参与者进行音乐刺激（前两组进行），间隔10分钟后，再采用斯坦福-比纳智力量表测验参与者的推理能力。有趣的是，研究发现，听莫扎特音乐学生的测验成绩比其他两组学生高出8~9个百分点，但这种效果持续10~15分钟之后就会消失。据此，研究者认为，如果经常给孩子听莫扎特音乐（或类似的音乐），会提高孩子的认知能力，让孩子变得"更聪明"[120]。该结果发布以后，引起了全世界的高度关注，大众媒体对此实验结果进行了大肆渲染和宣传，各大唱片商店里有关莫扎特音乐的CD很快被销售一空。随后，法国医生托马提斯（Luis Tomatis）把这个结果命名为"莫扎特效应"。但有人对"莫扎特效应"提出质疑，认为莫扎特音乐旋律流畅，令人愉快，能最大化地激发人们的快乐情绪，从而有利于复杂问题的解决，实际上，是积极的情绪反作用于认知加工，而不是音乐本身。所以，对"莫扎特效应"需要从认知与情绪两个方面进行解释。

不管怎样，这个结果提示了音乐训练确实与认知能力存在关联。语言与音乐是婴幼儿主要的听觉信息来源。到了幼儿时期，很多孩子会接受各种音乐训练。很多父母都在关心这个问题：孩子接受了一些音乐训练，这样的经历对他们的语言能力是否有促进作用？另外，现在很多父母让学龄前的孩子背诵古诗词。学龄前儿童对古诗词的理解非常有限，他们并不能理解诵读或者记忆的古诗词的含义，而只是记住了语音节律与语调，这种语音训练对孩子的语言发展有益吗？

研究发现，音乐能力与阅读能力密切相关。例如，4～5岁儿童对音高和节奏的辨别能力与后期阅读能力存在特定联系[121]。同时，训练研究进一步明确音乐训练与阅读能力的因果关系。在一个案例中，41名5~6岁儿童被随机分配到语音意识训练（押韵、音素识别、音节识别等）组、音乐训练（包括歌唱、击鼓、节拍训练、节奏训练等）组与体育运动训练（参与身体运动训练，比如平衡训练、精细运动训练、耐力训练等）组中。这些儿童每天进行10分钟的训练，连续进行了20周。结果发现，语音意识训练组与音乐训练组在语音意识上都有明显的提升，但体育运动训练组没有改善。这说明，语音意识训练与音乐训练确实能够对阅读中语音解码能力起到促进作用[122]。

在大脑层面，一些研究揭示了音乐加工与语言加工联系的神经基础。一项针对4～5岁汉语儿童的研究发现，6个月（每周3次，每次45分钟）的钢琴训练，提高了儿童听觉词汇辨别能力[123]。音乐训练对大脑的作用存在一些通道特异性，比如，音乐家听觉记忆和听觉注意能力比普通人强，但视觉记忆和视觉注意方面没有这种优势[124]。而指挥家的声音空间信息加工能力就比钢琴家强，或许因为指挥家长时间兼顾整个音乐现场，需要在声音出现的不同位置之间进行穿插，所以声音空间信息加工能力得到了训练。因此，音乐训练可能选择性增强了听觉信息的加工，而且这种增强还取决于训练的具体形式和内容。

那么，为什么音乐训练对儿童语言能力发展起着作用呢？语言与音乐有一个重要的相似之处：音乐与语音都使用音高、时间与音色传递信息[125]。首先，音乐训练影响大脑听觉系统，提升了皮质下听觉神经通路的能力[126]，对语音信息加工有促进作用。其次，音乐加工与语音加工都需要一般性记忆与注意能力。因此，音乐训练可能提高了基础认知加工能力，这些能力的提升迁移到语音加工中[127]。最后，音乐训练可以提升信息加工效率。音乐加工需要从复杂声音中提取出特定听觉信息，涉及从环境中追踪规律性信息的基本能力。音乐训练可能增强了加工可预期的感觉信息的能力，最终对语言能力发展起到促进作用[128]。

那么，从什么时候开始音乐训练可以提升儿童的语言能力呢？美国华盛顿大学著名的发展心理学家帕特里夏·库尔（Patricia Kuhl）曾经开展了一项非常著名的研究来考察这个问题，调查了音乐训练对9个月大婴儿的音乐与语言能力发展的影响。参与这项研究的有两组婴儿：音乐训练组的婴儿听三拍结构的音乐（不同的节奏和声音）；控制组的婴儿不听音乐，玩一些没有音乐的玩具。训练共进行了12次，每次持续时间为15分钟。同时，他们采用脑磁图技术测量了婴儿的大脑反应。结果发现，那些受过音乐训练的婴儿，他们再次听到音乐的时候，大脑听觉区（颞叶）与前额叶的反应比没有受过音乐训练的婴儿要强烈得多。更为关键的是，受过音乐训练的婴儿在听外语时，大脑听觉区（颞叶）与额叶区的活动也比那些没有受过音乐训练的婴儿更强烈[129]。这就告诉我们，在孩子只有9个月大的时候，音乐训练就能够提高他们的外语学习能力。

4. 家庭藏书量

家庭因素对儿童的阅读能力具有非常深远的影响。其中，一个非常重要的因素是家庭拥有书籍的数量。一项研究调查了43个国家将近20万学生，考察了多个环境变量与他们阅读成绩的关系。研究发现，在排除其他因素后，家庭藏书量对儿童阅读成绩影响占比约为3%。而且，家庭藏书量是家庭经济条件对儿童阅读能力影响的中介因素，解释了其中34%的变异。换句话说，家庭经济条件对儿童阅读能力的影响，有约1/3的比例是通过家庭藏书量这个因素起作用的。这足以说明，家庭藏书量对儿童未来阅读能力的发展有重要意义。

那么，对于0~6岁阶段的学龄前儿童而言，他们尚未接受正式的阅读教育，家庭阅读活动将在多大程度上影响孩子未来的阅读能力呢？一项横跨20年的研究调查了27个国家的73349人家庭藏书量对后期学业成就高低的影响。调查发现，藏书量低于20本的家庭，孩子升学率更低。在中国城市地区，家庭平均藏书量为66本，其中9%的家庭一本书都没有，31%的家庭拥有10本书，25%的家庭拥有25本书，32%的家庭拥有75本书，3%的家庭拥有500本以上的书[130]。家庭藏书量的多少对儿童后续升学有明显影响。

实际上，家庭藏书量是最容易改变的一个环境变量。这个因素不需要太大的经济付出，对任何家庭来说都是比较容易实现的一个目标。如果想让孩子的阅读能力和学业成就发展得更好，增加家庭藏书量可能是一个最为便捷和高效的措施。

5. 避免"语言暴力"

愤怒的父母与暴力的语言

一天，在市中心的一个商场内，一位女士尖利的声音似乎贯穿整个大堂。一位愤怒的母亲正对着一个5岁左右的小男孩怒吼："你个***（脏话）！"接着，母亲对着小男孩屁股就是"啪啪"几下。大家循声望去，这个小男孩举着一根融化的雪糕哇哇大哭，他身边货架上的一件衣服已经印上了他的小手印。女士面目狰狞，连珠炮似的指着小男孩骂了一通："你个败家子，太讨厌了，这么一会儿工夫就能给我闯祸，要你有什么用！"小男孩哭着说："我不是故意的……"女士不依不饶："不要你了，滚开！"小男孩跪在地上哭得更厉害了。旁边推车里1岁左右的妹妹见状也大哭起来，现场一片混乱。站在旁观者的角度看，父母发脾气的威力实在太大了！难怪有人形象地说：人发脾气时是在被"爬行动物脑"控制，就像是爬行动物会吃掉自己的幼仔。不可否认，这样的场景并不少见，可能发生在大庭广众之下，也可能发生在家中：愤怒的父母对着犯错的孩子，说出一大堆侮辱、贬低与责备的语言。父母在这种状态下说出的语言极具攻击性，对孩子身心的伤害难以想象，这实际上是一种"语言暴力"。

良好的语言环境能够促进孩子的大脑发育，提高孩子各项认知能力，为未来发展打好基础。反过来，如果孩子遭遇不良的语言环境，他们的语言能力、情绪与自尊等都会受到伤害。"语言暴力"可能是对儿童成长杀伤力很强的一个最常见的不良环境因素。在获得戛纳国际创意节大奖的作品《语言暴力》中，中国设计师谢勇将一些极端负面、攻击性的话语通过创意的改变，做成一件件可以"致命"的武器的样子。这个设计作品用非常直观、形象的方式向我们展示了语言暴力的巨大危害，它就像是一把无声的手枪，可以谋杀一个孩子的自尊，甚至终身的身心健康。实际上，这一说法绝不是危言耸听。谢勇在设计这个作品时，最初的灵感来源于几个少管所少年犯的经历。这些孩子在小时候或多或少受到了来自家庭的语言暴力，比如，有一个身体偏胖的孩子，他经常听到母亲骂他"就知道吃""胖子"等。这些语言暴力可能就是把孩子推向犯罪深渊的因素。

语言暴力影响背后的机制是什么？哈佛大学神经科学家Martin H. Teicher的团队开展的脑科学研究提供了答案。他们调查了1271名青年人，让他们完成了一项语言暴力量表测试，找到其中16名经历过父母严重语言暴力的受试者（注：只有语言暴力，没有经历过其他方面的虐待）。语言暴力量表包含15个题目，涉及了大部分语言暴力范畴的内容，包括责骂、怒吼、严厉训斥、贬低、嘲讽等。这项量表测试得分超过40分的人，可以确认为有遭受语言暴力的经历。然后，他们采用弥散张量成像技术，研究了语言暴力经历对脑结构的影响。结果发现，童年期受到语言暴力与脑结构连接质量下降相关，包括弓状束[131]。弓状束是支持语言能力发展最为重要的连接纤维束。儿童语言能力的发育与语言障碍的发生都与这个脑结构的连接质量密切相关。这说明，父母的语言暴力可能影响了这条重要语言通路的神经突触的数量、直径与髓鞘化发育。

此外，语言暴力还可能影响局部脑区神经元体积大小。那些经历过父母语言暴力的人，他们大脑左侧颞上回的灰质体积约比正常人大14.1%。颞上回是听觉言语加工的核心脑功能区，如果出现异常，可能导致言语理解的困难。这个脑区的细胞体积越大，语言成绩越差[132]。而在正常发育过程中，突触修剪导致灰质减少[133]，因此，结构体积减小可能才是正常的发展模式。而那些受到语言暴力的儿童，这个脑区的发育模式可能发生改变，造成后期语言能力发展受限。可以发现，尽管已经成年，但经历过语言暴力的人，他们后期的语言能力依然受到影响。换句话说，父母的语言暴力对孩子大脑的影响，即使成年后也依然存在，甚至可能影响一生。

让我们再回到之前提到的商场场景，看看后续发展。后来，商场里那位女士在围观者的劝说下渐渐恢复了理智，她开始蹲下身来，向那个失魂落魄的小男孩道歉："好了，妈妈说的都是气话……"看得出来，这位母亲为刚刚的失控行为感到无比内疚，她企图用充满爱和温暖的语言弥补刚刚的语言暴力行为，为孩子疗伤。我们想知道的是：这样做有效吗？父母语言暴力的负面影响能不能通过后续的关爱（安慰）语言来消除呢？答案是否定的。在2014年的一项研究中，Teicher教授等人探究了这个问题。他们发现，语言暴力经历与关爱（安慰）语言对个体起作用的方式是不一样的：语言暴力经历主要与精神疾病症状相关，而关爱（安慰）语言主要与幸福感相关。更为重要的是，他们发现，来自父母的关爱（安慰）语言并不能抵消语言暴力造成的伤害[134]。这说明，暴力语言与积极语言具有完全独立的加工模式，它们对个体产生作用的方式完全不同，不能相互抵消。父母不能天真地以为在施加了语言暴力后，再安慰安慰就可以抵消这种伤害了。父母需要做的是尽量避免语言暴力的行为。

如何跟孩子"非暴力沟通"

第一，遇到令人愤怒的事情时，要学会运用"积极的暂停"，先让自己的情绪平静下来，不能立即用语言发泄自己的愤怒情绪。这个时候的语言无法用于沟通，而只是情绪的宣泄。

第二，只对事，不对人。讲出客观事实，而不是主观评价。比如，上文提到的商场里的那位女士可以对孩子说："雪糕化在你的手上，你用手摸货架上的衣服，把衣服弄脏了。"可以基于客观事实进行批评。孩子需要知道的是客观事实，而不是主观的、带有情绪的评价。

第三，表达你对事情的情绪感受，而不是你认知层面的判断。"你太讨厌"是认知层面的想法，"这件事情让我感到很焦虑"才是你的情绪感受。可以多用"我感到……因为……"的句式与孩子沟通，这样才能发现自己生气的根源。

第四，对孩子提出具体的要求而不是命令。比如，上文提到的商场里的那位女士可以引导孩子思考为什么不能那样做、以后应该如何做等。这样的沟通可以引发孩子自主思考，成为孩子改变的原动力。

语言是交流沟通的工具，让我们用语言传递关爱和温暖，不要让语言成为伤害的工具！

6. 家庭整体环境

对孩子的认知能力发展而言，家庭整体环境也十分重要。这里的家庭整体环境是指孩子所处的整个家庭成长环境。如果孩子成长在混乱、无序以及充斥各种嘈杂噪声的环境中，那么他们的语言与认知的发展都会受到严重的负面影响。有学者研究了94名6~12岁孩子家庭语言环境与脑电反应的关系。这项研究中语言能力的测量包括了孩子语言理解与语言产生的一系列测试。语言输入的测试采用语言环境分析系统（Language Environment Analysis，LENA），这个系统可以记录长达16个小时的家庭中的声音，而且可以对声音进行自动化分析。家庭环境的测量采用量表（Confusion, Hubbub and Order Scale，CHAOS），该量表包含了15个描述家庭环境的问题，包括缺乏组织性、混乱与有噪声等。比如，有"你的家庭氛围是温暖的""你的家里真像个动物园"这类问题。同时，记录孩子的脑电生理反应。那些在嘈杂环境中成长的孩子，他们听到大人所说词语的数量与脑电反应呈显著的负相关，听到词语越多，顶叶脑电反应越弱。这说明，在噪声与无序环境中，大人说话对孩子的大脑活动有负面影响，噪声环境可能会影响孩子的注意力[3]。在嘈杂、无序的家庭环境中，孩子接收到太多的干扰因素，体验到太多的外在刺激，使他们无法高效加工复杂的语言信息。这项研究发现告诉我们，家庭环境中的背景内容能塑造大脑认知活动的发展模式。

我们再来看一个关于福利院儿童的故事，了解父母语言输入数量及质量与孩子的大脑发育之间密切的关系。美国哈佛大学、马里兰大学和波士顿儿童医院的科学家进行了一项非常有影响力的研究，考察抚养环境对于儿童大脑发育的影响。科学家去到罗马尼亚布加勒斯特的一个儿童福利机构，开展儿童抚养干预的科研项目。最初进入此项目的儿童有来自福利院被集中抚养的6~31个月的儿童，还有作为对照组的未在福利院成长的正常儿童。同时，来自福利院的儿童又被分成两组。一组是一直在福利院长大的儿童，对他们的养育情况只能做一些小的改善，如增加一些教养员的人数，并对他们进行一些培训。而另一组儿童被接出福利院，由符合一定标准的家庭收养。在随后的追踪考察中，这些儿童在4岁、8岁、12岁时参与了多项测试，包括身体发育、语言能力、社会情绪能力、认知能力测试等。其中79名儿童在9~11岁的时候接受了脑电和脑结构扫描，科学家考察了这些儿童的大脑发育情况。结果发现，曾经在福利院成长的儿童，他们全脑的神经元体积比在正常家庭环境中成长的儿童小。但只有一直在福利院成长的儿童脑白质（脑连接神经纤维）的总量以及胼胝体（连接左右大脑的神经纤维）比在正常家庭环境中成长的儿童小。而早期被领养进入正常家庭的儿童，由于家庭抚养环境得到改善，脑白质发育会部分赶上正常儿童。受试者8岁时的脑电测试也发现，在2岁以前被领养的儿童，其脑电反应性可以较好地追赶上在正常家庭环境中成长的儿童，表现出跟在正常家庭环境中成长的儿童类似的发展水平。据此，科学家认为，2岁是一个值得注意的发展关键期，因为2岁以前和2岁以后改变抚养环境，对儿童认知与大脑发育的干预效果出现了显著差异[135]。

早期教养不仅要保证幼儿能够获得良好的食物和安全的环境，通过人与人之间的交流传递合适的感知刺激、语言刺激，以及提供合适的学习环境也是十分必要的，它们会影响幼儿大脑功能与结构的发育，最终会影响语言能力和认知能力的长期发展。因此，家庭中的成人需要时刻注意维护家庭整体环境，尽量构建一个整洁、舒适和安全的家庭整体环境。需要注意的是，这里说的优良的家庭整体环境与经济条件无直接关系。在任何经济条件下，都可以构建优良的家庭整体环境。

7. 午睡别忽视

睡眠对学习的影响已经得到了大量科学研究的证实，在儿童语言学习过程中，睡眠也发挥着重要作用。目前，儿童晚间睡眠已经得到了父母、学校与社会的足够重视，保证孩子晚间睡眠充足已经在多数家庭中形成共识。

实际上，大量科学证据表明，午睡对儿童语言学习具有十分重要的意义。一项科学研究显示，3~6岁儿童的记忆成绩受午睡的影响。测试中，早上10点左右，孩子们快速浏览了卡通图片，图片上不同位置有一些常见物体（包括雨伞、警察和猫等）。孩子们观察约30秒，并记住某一个物体的位置。记忆完成后，让他们马上回忆。学习结束后，让孩子们回到教室，进行常规活动。这些孩子被分为两组：一组下午1点到3点睡午觉，而另外一组在这个时段保持清醒。第二天上午，研究者测试了孩子对物体的记忆水平，同时记录了孩子睡眠中的脑电反应，主要监测睡眠锭开始和结束的时间。睡眠锭是一种频率较高、波幅较大的纺锤形脑电波，在睡眠第二阶段出现。结果发现，那些睡了午觉的孩子记忆水平比没有睡午觉的孩子高10%，这种优势在那些有午睡习惯的孩子身上表现得最为明显。这种记忆优势与睡眠锭密切相关。这说明，午睡对学龄前儿童记忆的巩固有明显促进作用[136]。这是因为年龄小的孩子短时记忆能力非常有限，记忆需要不断地巩固。

午睡对儿童学习新的词汇也有帮助。一项研究发现，对于15个月大的孩子，午睡直接影响他们学习新词的表现。这些孩子的学习任务是把字母串的起始音和结尾音连接起来，一种记忆方式是准确记忆这个词语，另外一种记忆方式是形成抽象的规则。孩子被分为两组：一组在学习和测试之间睡一个午觉，另外一组则不睡。测试结果显示，那些睡了午觉的孩子，他们形成了更多抽象规则的记忆。那些没有睡午觉的孩子，他们更多地使用词语记忆的策略。这说明，睡眠造成了认知加工策略的差异，那些睡午觉的孩子获得了更多可灵活使用的规则。这是因为睡眠过程中，孩子可能忘记了一些特定刺激的细节信息，从而提高了抽象加工能力[137]。

午睡对儿童阅读能力提升也有影响。"镜像不变性"是一种与生俱来的视觉加工能力，是指把左右颠倒的物体看成是同一个刺激的一种知觉特征。打个比方，一头狮子不管是头朝左，还是头朝右，虽然它的位置是左右颠倒的，但人们依然可以快速识别出这是一头狮子。这种视觉能力在人类发展的早期就展现出来，在现实生活中也非常有用。然而人类这种与生俱来的能力在阅读能力发展中却起到了负面作用。例如，在字母语言中，有一些镜像字母，比如b与d。"镜像不变性"这种知觉特征就会让我们把b与d看成是镜像的同一个字母。但实际上，b与d具有完全不同的语音，是两个独立的字母。所以，"镜像不变性"这种知觉特征对阅读流畅性具有干扰作用。如果想实现流畅阅读，就需要克服这种天生的"镜像不变性"知觉特征，把镜像的字母区别开来，避免混淆。研究发现，对6岁儿童进行一种"多感觉通道运动"的训练，可以提高他们识别镜像字母的速度，从而提高阅读流畅性。这种训练具体包括三种方式：（1）用手指在空中写出字母；（2）在纸上抄写字母；（3）老师在学生手上写出字母，让学生说出字母是什么。儿童进行7.5个小时的训练后，对字母的识别速度加快了，也能泛化到其他没有训练的字母上。

有意思的是，在训练后进行午睡（睡2个小时），训练效果更好，训练效果可以持续到4个月以后。而且，训练+睡眠组的儿童，他们在4个月后的阅读速度也最快[138]。这说明，阅读训练也需要午睡的巩固作用，才能实现阅读速度最大程度的提升，达到最优效果。看来，午睡这个变量对孩子阅读能力发展也十分重要。

在孩子的成长过程中，一些行为习惯，比如睡眠等，对孩子的发展起着至关重要的作用，不容小视。在关注孩子能力提升的过程中，思路要开阔，也许在不经意间就会有意外的收获。

参考文献

1. Gleitman L R, Newport E L. The Invention of Language by Children: Environmental and Biological Influences on the Acquisition of Language[M] // Levitin D J. Foundations of Cognitive Psychology: Core Readings. Cambridge, MA: MIT Press, 2002:685-704.
2. Miles H L. Symbolic communication with and by great apes[M] // Taylor Parker S, Mitchell R W, Miles H L. The Mentalities of Gorillas and Orangutans. Cambridge: Cambridge University Press, 1999.
3. Brito N H, Troller-Renfree S V, Leon-Santos A, et al. Associations among the home language environment and neural activity during infancy[J]. Developmental Cognitive Neuroscience, 2020, 43: 100780-100780.
4. Bohannon J N, Bonvillian J D. Theoretical approaches to language acquisition[J]. The Development of Language, 2001, 5:121-132.
5. Price C J. A review and synthesis of the first 20 years of PET and fMRI studies of heard speech, spoken language and reading[J]. Neuroimage, 2012, 62(2):816-847.
6. Weiss-Croft L J, Baldeweg T. Maturation of language networks in children: A systematic review of 22 years of functional MRI[J]. Neuroimage, 2015, 123:269-281.
7. Fadiga L, Craighero L, D'Ausilio A. Broca's area in language, action, and music[J]. Annals of the New York Academy of Sciences, 2009, 1169:448-458.
8. Embick D, Marantz A, Miyashita Y, et al. A syntactic specialization for Broca's area[J]. Proceedings of the National Academy of Sciences, 2000, 97(11):6150-6154.
9. Friederici A D. The brain basis of language processing: from structure to function[J]. Physiological Reviews, 2011, 91(4):1357-1392.
10. Sahin N T, Pinker S, Cash S S, et al. Sequential processing of lexical, grammatical, and phonological information within Broca's area[J]. Science, 2009, 326(5951):445-449.
11. Tan L H, Laird A R, Li K, et al. Neuroanatomical correlates of phonological processing of Chinese characters and alphabetic words: a meta-analysis[J]. Human Brain Mapping, 2005, 25(1):83-91.
12. Siok W T, Kay P, Wang W S Y, et al. Language regions of brain are operative in color perception[J]. Proceedings of the National Academy of Sciences of the United States of America, 2009, 106(20):8140-8145.
13. Siok W T, Niu Z, Jin Z, et al. A structural-functional basis for dyslexia in the cortex of Chinese readers[J]. Proceedings of the National Academy of Sciences of the United States of America, 2008, 105(14):5561-5566.
14. Siok W T, Perfetti C A, Jin Z, et al. Biological abnormality of impaired reading is

constrained by culture[J]. Nature, 2004, 431(7004):71-76.
15. Planton S, Jucla M, Roux F E, et al. The "handwriting brain": A meta-analysis of neuroimaging studies of motor versus orthographic processes[J]. Cortex, 2013, 49(10):2772-2787.
16. Planton S, Longcamp M, Péran P, et al. How specialized are writing-specific brain regions? An fMRI study of writing, drawing and oral spelling[J]. Cortex, 2017, 88:66-80.
17. Roux F E, Dufor O, Giussani C, et al. The graphemic/motor frontal area Exner's area revisited[J]. Annals of Neurology, 2009, 66(4):537-545.
18. Yang Y, Tam F, Graham S J, et al. Men and women differ in the neural basis of handwriting[J]. Human Brain Mapping, 2020, 41(10):2642-2655.
19. Nakamura K, Kuo W J, Pegado F, et al. Universal brain systems for recognizing word shapes and handwriting gestures during reading[J]. Proceedings of the National Academy of Sciences of the United States of America, 2012, 109(50):20762-20767.
20. Guan C Q, Liu Y, Chan D H L, et al. Writing Strengthens Orthography and Alphabetic-Coding Strengthens Phonology in Learning to Read Chinese[J]. Journal of Educational Psychology, 2011, 103(3):509-522.
21. Cao F, Perfetti C A. Neural Signatures of the Reading-Writing Connection: Greater Involvement of Writing in Chinese Reading than English Reading[J]. PLoS One, 2016, 11(12):e0168414-e0168414.
22. Wang J, Fan L, Wang Y, et al. Determination of the posterior boundary of Wernicke's area based on multimodal connectivity profiles[J]. Human Brain Mapping, 2015, 36(5):1908-1924.
23. Binder J R. Current Controversies on Wernicke's Area and its Role in Language[J]. Current Neurology and Neuroscience Reports, 2017, 17(8):58-58.
24. Seghier M L. The angular gyrus: multiple functions and multiple subdivisions[J]. Neuroscientist, 2013, 19(1):43-61.
25. Deschamps I, Baum S R, Gracco V L. On the role of the supramarginal gyrus in phonological processing and verbal working memory: Evidence from rTMS studies[J]. Neuropsychologia, 2014, 53:39-46.
26. Barbeau E B, Chai X J, Chen J K, et al. The role of the left inferior parietal lobule in second language learning: an intensive language training fMRI study[J]. Neuropsychologia, 2017, 98:169-176.
27. Dehaene-Lambertz G, Monzalvo K, Dehaene S. The emergence of the visual word form: Longitudinal evolution of category-specific ventral visual areas during reading acquisition[J]. PLoS Biology, 2018, 16(3):e2004103-e2004103.
28. Dehaene S, Pegado F, Braga L W, et al. How Learning to Read Changes the Cortical Networks for Vision and Language[J]. Science, 2010, 330(6009):1359-1364.

29. Song Y, Tian M, Liu J. Top-Down Processing of Symbolic Meanings Modulates the Visual Word Form Area[J]. Journal of Neuroscience, 2012, 32(35):12277-12283.
30. Price C J, Devlin J T. The myth of the visual word form area[J]. Neuroimage, 2003, 19(3):473-481.
31. Yang Y, Zuo Z, Tam F, et al. Brain activation and functional connectivity during Chinese writing: An fMRI study[J]. Journal of Neurolinguistics, 2019, 51:199-211.
32. Buckner R L. The cerebellum and cognitive function: 25 years of insight from anatomy and neuroimaging[J]. Neuron, 2013, 80(3):807-815.
33. Ramsden S, Richardson F M, Josse G, et al. Verbal and non-verbal intelligence changes in the teenage brain[J]. Nature, 2011, 479(7371):113-116.
34. Nicolson R I, Fawcett A J, Dean P. Developmental dyslexia: The cerebellar deficit hypothesis[J]. Trends in Neurosciences, 2001, 24(9):508-511.
35. Yang Y, Bi H Y. Unilateral implicit motor learning deficit in developmental dyslexia[J]. International Journal of Psychology, 2011, 46(1):1-8.
36. Yang Y, Bi H Y, Long Z Y, et al. Evidence for cerebellar dysfunction in Chinese children with developmental dyslexia: an fMRI study[J]. International Journal of Neuroscience, 2013, 123(5):300-310.
37. Bishop D V M. Cerebral Asymmetry and Language Development: Cause, Correlate, or Consequence?[J]. Science, 2013, 340(6138):1230531-1230531.
38. Wiberg A, Ng M, Omran Y A, et al. Handedness, language areas and neuropsychiatric diseases: insights from brain imaging and genetics[J]. Brain, 2019, 142(10):2938-2947.
39. Van Der Haegen L, Cai Q, Brysbaert M. Colateralization of Broca's area and the visual word form area in left-handers: fMRI evidence[J]. Brain and Language, 2012, 122(3):171-178.
40. Tzourio N, Crivello F, Mellet E, et al. Functional Anatomy of Dominance for Speech Comprehension in Left Handers vs Right Handers[J]. Neuroimage, 1998, 8(1):1-16.
41. Holowka S, Petitto L A. Left Hemisphere Cerebral Specialization for Babies While Babbling[J]. Science, 2002, 297(5586):1515-1515.
42. Olulade O A, Seydell-Greenwald A, Chambers C E, et al. The neural basis of language development: Changes in lateralization over age[J]. Proceedings of the National Academy of Sciences of the United States of America, 2020, 117(38):23477-23483.
43. Glasser M F, Rilling J K. DTI Tractography of the Human Brain's Language Pathways[J]. Cerebral Cortex, 2008, 18(11):2471-2482.
44. Friederici A D. Pathways to language: fiber tracts in the human brain[J]. Trends in Cognitive Sciences, 2009, 13(4):175-181.

45. Klöppel S, Mangin J F, Vongerichten A, et al. Nurture versus Nature: Long-Term Impact of Forced Right-Handedness on Structure of Pericentral Cortex and Basal Ganglia[J]. Journal of Neuroscience, 2010, 30(9):3271-3275.
46. Stromswold K. The Heritability of Language: A Review and Meta-analysis of Twin, Adoption, and Linkage Studies[J]. Language, 2001, 77(4):647-723.
47. Fisher S E, Vargha-Khadem F, Watkins K E, et al. Localisation of a gene implicated in a severe speech and language disorder[J]. Nature Genetics, 1998, 18(2):168-170.
48. Liégeois F, Baldeweg T, Connelly A, et al. Language fMRI abnormalities associated with FOXP2 gene mutation[J]. Nature Neuroscience, 2003, 6(11):1230-1237.
49. Zhang Y, Li J, Tardif T, et al. Association of the DYX1C1 Dyslexia Susceptibility Gene with Orthography in the Chinese Population[J]. PLoS One, 2012, 7(9):e42969-e42969.
50. Chen H, Xu J, Zhou Y, et al. Association study of stuttering candidate genes GNPTAB, GNPTG and NAGPA with dyslexia in Chinese population[J]. BMC Genetics, 2015, 16:7-7.
51. Andics A, Gábor A, Gácsi M, et al. Neural mechanisms for lexical processing in dogs[J]. Science, 2016, 353(6303):1030-1032.
52. Burnham D. Visual recognition of mother by young infants: facilitation by speech[J]. Perception, 1993, 22(10):1133-1153.
53. Mandel D R, Jusczyk P W, Pisoni D B. Infants' Recognition of the Sound Patterns of Their Own Names[J]. Psychological Science, 1995, 6(5):314-317.
54. Tincoff R, Jusczyk P W. Some Beginnings of Word Comprehension in 6-Month-Olds[J]. Psychological Science, 1999, 10(2):172-175.
55. Jusczyk P W, Cutler A, Redanz N J. Infants' preference for the predominant stress patterns of English words[J]. Child Development, 1993, 64(3):675-687.
56. Bailey T M, Plunkett K. Phonological specificity in early words[J]. Cognitive Development, 2002, 17(2):1265-1282.
57. Stager C L, Werker J F. Infants listen for more phonetic detail in speech perception than in word-learning tasks[J]. Nature, 1997, 388(6640):381-382.
58. Mills D L, Prat C, Zangl R, et al. Language Experience and the Organization of Brain Activity to Phonetically Similar Words: ERP Evidence from 14- and 20-Month-Olds[J]. Journal of Cognitive Neuroscience, 2004, 16(8):1452-1464.
59. Saffran J R, Aslin R N, Newport E L. Statistical learning by 8-month-old infants[J]. Science, 1996, 274(5294):1926-1928.
60. Nazzi T, Lakimova G, Bertoncini J, et al. Early segmentation of fluent speech by infants acquiring French: Emerging evidence for crosslinguistic differences[J]. Journal of Memory and Language, 2006, 54(3):283-299.

61. Liu H M, Kuhl P K, Tsao F M. An association between mothers' speech clarity and infants' speech discrimination skills[J]. Developmental Science, 2003, 6(3):F1-F10.
62. Dehaene-Lambertz G, Dehaene S, Hertz-Pannier L. Functional Neuroimaging of Speech Perception in Infants[J]. Science, 2002,298:2013-2015.
63. Mahmoudzadeh M, Dehaene-Lambertz G, Fournier M, et al. Syllabic discrimination in premature human infants prior to complete formation of cortical layers[J]. Proceedings of the National Academy of Sciences of the United States of America, 2013, 110(12):4846-4851.
64. Ginsburg G P, Kilbourne B K. Emergence of vocal alternation in mother-infant interchanges[J]. Journal of Child Language, 1988, 15(2):221-235.
65. Kuhl P K, Stevens E, Hayashi A, et al. Infants show a facilitation effect for native language phonetic perception between 6 and 12 months[J]. Developmental Science, 2006, 9(2):F13-F21.
66. 周兢. 汉语儿童的前语言现象[J]. 南京师大学报：社会科学版，1994（1）：45-50.
67. 李嵬，祝华，Dodd B，等. 说普通话儿童的语音习得[J]. 心理学报，2000，32（2）：170-176.
68. 李行德. 语言发展理论和汉语儿童语言[J]. 现代外语，1997（4）：58-91.
69. Lewkowicz D J, Hansen-Tift A M. Infants deploy selective attention to the mouth of a talking face when learning speech[J]. Proceedings of the National Academy of Sciences of the United States of America, 2012, 109(5):1431-1436.
70. Anglin J M, Miller G A, Wakefield P C. Vocabulary Development: A Morphological Analysis[J]. Monographs of the Society for Research in Child Development, 1993, 58(10):i-186.
71. Tardif T, Gelman S A, Xu F. Putting the "Noun Bias" in Context: A Comparison of English and Mandarin[J]. Child Development, 1999, 70(3):620-635.
72. Blank S C, Scott S K, Murphy K, et al. Speech production: Wernicke, Broca and beyond[J]. Brain, 2002, 125(8):1829-1838.
73. Ackermann H, Riecker A. The contribution(s) of the insula to speech production: a review of the clinical and functional imaging literature[J]. Brain Structure and Function, 2010, 214(5-6):419-433.
74. Hickok G. Computational neuroanatomy of speech production[J]. Nature Reviews. Neuroscience, 2012, 13(2):135-145.
75. Anthony J L, Francis D J. Development of Phonological Awareness[J]. Current Directions in Psychological Science, 2005, 14(5):255-259.
76. 赵静，李甦. 3-6岁儿童汉字字形认知的发展[J]. 心理科学，2014，37（2）：357-362.
77. Siok W T, Fletcher P. The role of phonological awareness and visual-orthographic skills in Chinese reading acquisition[J]. Developmental Psychology, 2001, 37(6):886-899.

78. Wei T Q, Bi H Y, Chen B G, et al. Developmental Changes in the Role of Different Metalinguistic Awareness Skills in Chinese Reading Acquisition from Preschool to Third Grade[J]. PLoS One, 2014, 9(5):e96240-e96240.

79. Shu H, Profile S, Mcbride-Chang C, et al. Understanding Chinese developmental dyslexia: Morphological awareness as a core cognitive construct[J]. Journal of Educational Psychology, 2006, 98(1):122-133.

80. Qian Y, Song Y W, Zhao J, et al. The developmental trend of orthographic awareness in Chinese preschoolers[J]. Reading and Writing, 2015, 28(4):571-586.

81. Pugh K R, Mencl W E, Jenner A R, et al. Neurobiological studies of reading and reading disability[J]. Journal of Communication Disorders, 2001, 34(6):479-492.

82. Turkeltaub P E, Gareau L, Flowers D L, et al. Development of neural mechanisms for reading[J]. Nature Neuroscience, 2003, 6(7):767-773.

83. Saygin Z M, Osher D E, Norton E S, et al. Connectivity precedes function in the development of the visual word form area[J]. Nature Neuroscience, 2016, 19(9):1250-1255.

84. Yeatman J D, Dougherty R F, Ben-Shachar M, et al. Development of white matter and reading skills[J]. Proceedings of the National Academy of Sciences of the United States of America, 2012, 109(44):E3045-3053.

85. Siok W T, Jia F, Liu C Y, et al. A Lifespan fMRI Study of Neurodevelopment Associated with Reading Chinese[J]. Cerebral Cortex, 2020, 30(7):4140-4157.

86. Karlsdottir R, Stefansson T. Problems in developing functional handwriting[J]. Perceptual and Motor Skills, 2002, 94(2):623-662.

87. 孟祥芝，刘红云，周晓林，等．中文读写能力及其相关因素的结构模型[J]．心理发展与教育，2003，19（1）：37-43.

88. Han Z, Song L, Bi Y. Cognitive mechanism of writing to dictation of logographic characters[J]. Applied Psycholinguistics, 2012, 33(3):517-537.

89. 王成，尤文平，张清芳．书写产生过程的认知机制[J]．心理科学进展，2012，20（10）：1560-1572.

90. Lam S S T, Au R K C, Leung H W H, et al. Chinese handwriting performance of primary school children with dyslexia[J]. Research in Developmental Disabilities, 2011, 32(5):1745-1756.

91. Tseng M H, Hsueh I P. Performance of school-aged children on a Chinese handwriting speed test[J]. Occupational Therapy International, 1997, 4(4):294-303.

92. Li-Tsang C W P, Wong A S K, Leung H W H, et al. Validation of the Chinese Handwriting Analysis System (CHAS) for primary school students in Hong Kong[J]. Research in Developmental Disabilities, 2013, 34(9):2872-2883.

93. Rapp B, Dufor O. The Neurotopography of Written Word Production: An fMRI Investigation of the Distribution of Sensitivity to Length and Frequency[J]. Journal

of Cognitive Neuroscience, 2011, 23(12):4067-4081.

94. Palmis S, Velay J L, Fabiani E, et al. The impact of spelling regularity on handwriting production: A coupled fMRI and kinematics study[J]. Cortex, 2019, 113:111-127.

95. Katanoda K, Yoshikawa K, Sugishita M. A functional MRI study on the neural substrates for writing[J]. Human Brain Mapping, 2001, 13:34-42.

96. Palmis S, Velay J L, Habib M, et al. The handwriting brain in middle childhood[J]. Developmental Science, 2021, 24(2):e13046-e13046.

97. Lin C Y, Xiao Z W, Shen L, et al. Similar brain activation patterns for writing logographic and phonetic symbols in Chinese[J]. Neuroreport, 2007, 18(15):1621-1625.

98. Yang Y, Zhang J, Meng Z L, et al. Neural Correlates of Orthographic Access in Mandarin Chinese Writing: An fMRI Study of the Word-Frequency Effect[J]. Frontiers in Behavioral Neuroscience, 2018, 12:288-288.

99. Li J, Hong L, Bi H Y, et al. Functional brain networks underlying automatic and controlled handwriting in Chinese[J]. Brain and Language, 2021, 219:104962-104962.

100. Yuan Y, Brown S. Drawing and writing: An ALE meta-analysis of sensorimotor activations[J]. Brain and Cognition, 2015, 98:15-26.

101. Bates E, MacWhinney B. Competition, variation, and language learning[M] // MacWhinney B. Mechanisms of Language acquisition. Hillsdale, NJ: Lawrence Erlbaum, 1987: 157-193.

102. Tomasello M. Do young children have adult syntactic competence?[J]. Cognition, 2000, 74(3):209-253.

103. Soderstrom M, Seidl A, Nelson D G K, et al. The prosodic bootstrapping of phrases: Evidence from prelinguistic infants[J]. Journal of Memory and Language, 2003, 49(2):249-267.

104. Van Heugten M, Christophe A. Infants' Acquisition of Grammatical Gender Dependencies[J]. Infancy, 2015, 20(6):675-683.

105. Zhang X D. The use of mean length of utterance(MLU) in Chinese[J]. The Journal of Speech-Language-Hearing Association, 1998, 13:36-48.

106. Bates E, Marchman V, Thal D, et al. Developmental and stylistic variation in the composition of early vocabulary[J]. Journal of Child Language, 1994, 21(1): 85-123.

107. 梁卫兰，郝波，王爽，等．幼儿中文语言词汇发展的研究[J]．中华儿科杂志，2002，40（11）：650-653.

108. Kim M, McGregor K K, Thompson C K. Early lexical development in English- and Korean-speaking children: language-general and language-specific patterns[J]. Journal of Child Language, 2000, 27(2):225-254.

109. Hahne A, Friederici A D. Electrophysiological Evidence for Two Steps in Syntactic

Analysis: Early Automatic and Late Controlled Processes[J]. Journal of Cognitive Neuroscience, 1999, 11(2):194-205.

110. Friederici A D. The cortical language circuit: from auditory perception to sentence comprehension[J]. Trends in Cognitive Sciences, 2012, 16(5):262-268.

111. Skeide M A, Brauer J, Friederici A D. Brain Functional and Structural Predictors of Language Performance[J]. Cerebral Cortex, 2016, 26(5):2127-2139.

112. Ninio A, Snow C E. Pragmatic development[M]. New York: Routledge, 1996.

113. Ervin-Tripp S, Guo J, Lampert M. Politeness and persuasion in children's control acts[J]. Journal of Pragmatics, 1990, 14(2):307-331.

114. Frank C K, Baron-Cohen S, Ganzel B L. Sex differences in the neural basis of false-belief and pragmatic language comprehension[J]. Neuroimage, 2015, 105:300-311.

115. Shaywitz B A, Shaywitz S E, Pugh K R, et al. Sex differences in the functional organization of the brain for language[J]. Nature, 1995, 373(6515):607-609.

116. Xu M, Liang X, Ou J, et al. Sex Differences in Functional Brain Networks for Language[J]. Cerebral Cortex, 2020, 30(3):1528-1537.

117. Hoff E. The specificity of environmental influence: Socioeconomic status affects early vocabulary development via maternal speech[J]. Child Development, 2003, 74(5):1368-1378.

118. Cartmill E A, Armstrong B F, Gleitman L R, et al. Quality of early parent input predicts child vocabulary 3 years later[J]. Proceedings of the National Academy of Sciences of the United States of America, 2013, 110(28):11278-11283.

119. 卢珊，司晨，王争艳，等．早期亲子互动中母亲言语输入风格初探[J]．中国儿童保健杂志，2014，22（3）：258-260.

120. Rauscher F H, Shaw G L, Ky C N. Music and Spatial Task Performance: A Causal Relationship[J]. Nature, 1993, 365(6447):611-611.

121. Anvari S H, Trainor L J, Woodside J, et al. Relations among musical skills, phonological processing, and early reading ability in preschool children[J]. Journal of Experimental Child Psychology, 2002, 83(2):111-130.

122. Degé F, Schwarzer G. The Effect of a Music Program on Phonological Awareness in Preschoolers[J]. Frontiers in Psychology, 2011, 2:124-124.

123. Nan Y, Liu L, Geiser E, et al. Piano training enhances the neural processing of pitch and improves speech perception in Mandarin-speaking children[J]. Proceedings of the National Academy of Sciences of the United States of America, 2018, 115(28): E6630-E6639.

124. Chan A S, Ho Y C, Cheung M C. Music training improves verbal memory[J]. Nature, 1998, 396(6707):128-128.

125. Kraus N, Skoe E, Parbery-Clark A, et al. Experience-induced Malleability in Neural Encoding of Pitch, Timbre, and Timing[J]. Annals of the New York

Academy of Sciences, 2009, 1169(1):543-557.
126. Musacchia G, Sams M, Skoe E, et al. Musicians have enhanced subcortical auditory and audiovisual processing of speech and music[J]. Proceedings of the National Academy of Sciences of the United States of America, 2007, 104(40):15894-15898.
127. Kraus N, Chandrasekaran B. Music training for the development of auditory skills[J]. Nature Reviews Neuroscience, 2010, 11(8):599-605.
128. Winkler I, Denham S L, Nelken I. Modeling the auditory scene: predictive regularity representations and perceptual objects[J]. Trends in Cognitive Sciences, 2009, 13(12):532-540.
129. Zhao T C, Kuhl P K. Musical intervention enhances infants' neural processing of temporal structure in music and speech[J]. Proceedings of the National Academy of Sciences of the United States of America, 2016, 113(19):5212-5217.
130. Evans M D R, Kelley J, Sikora J, et al. Family scholarly culture and educational success: Books and schooling in 27 nations[J]. Research in Social Stratification and Mobility, 2010, 28(2):171-197.
131. Choi J, Jeong B, Rohan M L, et al. Preliminary Evidence for White Matter Tract Abnormalities in Young Adults Exposed to Parental Verbal Abuse[J]. Biological Psychiatry, 2009, 65(3):227-234.
132. Tomoda A, Sheu Y S, Rabi K, et al. Exposure to parental verbal abuse is associated with increased gray matter volume in superior temporal gyrus[J]. Neuroimage, 2011, 54(1):S280-S286.
133. Devous M D Sr, Altuna D, Furl N, et al. Maturation of speech and language functional neuroanatomy in pediatric normal controls[J]. Journal of Speech, Language, and Hearing Research, 2006, 49(4):856-866.
134. Polcari A, Rabi K, Bolger E, et al. Parental verbal affection and verbal aggression in childhood differentially influence psychiatric symptoms and wellbeing in young adulthood[J]. Child Abuse and Neglect, 2014, 38(1):91-102.
135. Sheridan M A, Fox N A, Zeanah C H, et al. Variation in neural development as a result of exposure to institutionalization early in childhood[J]. Proceedings of the National Academy of Sciences of the United States of America, 2012, 109(32):12927-12932.
136. Kurdziel L, Duclos K, Spencer R M C. Sleep spindles in midday naps enhance learning in preschool children[J]. Proceedings of the National Academy of Sciences of the United States of America, 2013, 110(43):17267-17272.
137. Gómez R L, Bootzin R R, Nadel L. Naps Promote Abstraction in Language-Learning Infants[J]. Psychological Science, 2006, 17(8):670-674.
138. Torres A R, Mota N B, Adamy N, et al. Selective Inhibition of Mirror Invariance for Letters Consolidated by Sleep Doubles Reading Fluency[J]. Current Biology, 2021, 31(4):909-909.

如何培养
"双语宝宝"

一 双（多）语者的优势

当今社会，随着世界的不断融合，多语言环境已经是一种常见的生活环境。世界范围内有数千种语言。而且，很多国家和地区都存在使用不同语言或方言的情况。例如，在我国，有几百种不同的方言在各地使用。据统计，在全球范围内，有超过一半的人口是多语者，而且更多的人生活在多语环境中[1]。

学习一门或多门语言，对一个人的成长有诸多好处。畅销书 *The Bilingual Edge* 中提到，学习双语的儿童能与更多的人交流沟通，向他人学习，也有更多机会到不同地区、从事不同类型的工作，更有可能发挥自己的优势和潜能。此外，更多交流机会让他们交到更多新朋友，社会交往能力更强，心理健康水平更高。

除了沟通方面的获益，外语学习对个体认知能力也有益处。双语者在语言加工中，经常需要在不同语言之间切换。此外，在加工一种语言的时候，需要抑制另外一种语言。这些过程都是认知训练，对大脑执行与抑制系统是一种锻炼。因此，在成年人、儿童甚至婴儿中，都能观察到双语者在大脑执行控制功能方面的优势[2-3]。此外，双语者在记忆力方面也表现出优势。双语儿童的言语与视觉空间工作记忆比只会一种语言的儿童（单语儿童）更好[4]。同时，双语儿童在创造性测试方面的表现也比单语儿童更好，让他们看起来"更聪明"[5]。但需要注意的是，一项大样本（4524名9～10岁儿童）的研究发现，如果把社会经济地位或智力差异考虑进去，双语儿童在词汇量与执行功能方面的优势就不明显了[6]。因此，双语儿童在认知、执行功能方面的优势，还需要考虑其他因素的差异，包括智力与家庭环境等因素，不能一概而论。

除了认知能力，外语学习对儿童社会性发展方面也有益处。比如，双语者在社会性理解方面发展得更好。双语者曝露在不同语言环境中,面对更加复杂的社会环境,需要跟更多人进行交流。因此,双语者在理解他人观点、想法、愿望和意图方面比单语者表现更好,这种能力叫观点采择。观点采择能力是儿童社交能力发展的核心因素,一个人在社会化的过程中,逐渐摒弃自我中心的倾向,开始意识到站在他人角度看到的东西可能跟站在自己角度看到的东西不一样,这是个体社会化的重要环节。心理学家发现,有外语学习经验的4~6岁儿童比单语儿童具有更好的观点采择能力,能够更好地从他人的角度思考问题,并做出判断[7]。

可以看出,外语学习不仅帮助儿童掌握新的交流工具,也是一种认知和社会性的训练,这种语言学习经验可以提升儿童认知与社交方面的能力。

二 外语学习的心理过程与大脑基础

1. 外语学习的心理过程

认知心理学的观点认为,外语学习涉及信息输入、加工、存储与输出。元认知监控理论认为,母语学习是在自然语言应用中进行,受到潜意识控制。而外语学习是一种意识控制加工。外语学习存在自然的学习顺序。该理论还认为,外语学习依赖于有效的信息输入,要让学习者从目前的学习水平发展到较高的学习水平,应给学习者提供比现有理解水平更高的语言输入,并尽力帮助他们理解输入的信息。在语言输入和语言习得之间,存在一个情感过滤器。这个过滤器控制着输入信息与学习者产生关联的可能性,这就是学习动机。如果学习动机强,学习时焦虑水平更低,能够接收更多的信息输入[8]。总体而言,这个理论强调了母语学习和外语学习的不同,以及理解学习材料与激发学习动机的重要性,对外语教育具有重要的指导意义。

信息加工理论认为,外语学习采用两种加工模式:意识控制加工与自动化加工。在开始阶段,学习者采用控制加工模式,投入大量的注意资源。随着练习的增加与能力的提高，控制加工模式逐渐转变为自动化加工模式，需要的注意资源越来越少。这个时候，外语学习的效率更高[9]。基于这一理论假设，练习变得非常重要，可以加速自动化加工模式的形成，提高外语学习的效率。

2．外语学习的脑神经基础

实际上，参与母语加工与外语加工的大部分脑区相互重叠。但是，正如之前讨论的，当加工外语时，需要一些额外的认知控制加工，这就需要相应脑区的支持。比如，德语－英语双语者与英语－日语双语者在加工语义时，左侧尾状核对母语与外语的差异非常敏感，表明这个脑区可能参与母语和外语的切换[10]。此外，在加工语音时，双语者皮质下听觉脑区的活动明显比单语者强烈，这种更强烈的反应与他们的持续性注意力显著相关，反映双语者执行功能优势的脑机制[10]。同样，对10岁左右汉语儿童的研究也发现，左侧尾状核活动关系着英语学习的成绩。测量汉语儿童左侧尾状核和梭状回的脑活动，能够预测其一年后的英语学习成绩，但不能预测其语文阅读成绩。这说明，这两个脑功能区是汉语儿童学习英语的重要神经基础[11]。

在第二语言阅读领域，有学者提出，可能存在两种大脑功能模式："同化"与"顺应"。"同化"是指基于母语脑功能系统进行外语学习。在加工外语过程中，使用母语的阅读脑神经系统，把外语刺激"同化"到母语的阅读脑机制中。"顺应"是指母语大脑语言系统无法满足外语加工的要求，个体需要调用其他的脑神经系统处理外语信息，从而"顺应"语言差异的要求。汉语－英语双语阅读研究发现，以汉语为外语的英语母语者在汉字阅读过程中，使用双侧梭状回，而阅读英文字母只使用左侧梭状回。这是因为汉字视觉－空间复杂度更高，既涉及整体字形加工，又涉及局部笔画整合，需要双侧视觉词形区共同完成。以汉语为外语的英语母语者，他们变得跟汉语母语者一样，使用右侧梭状回识别汉字，表现出一种"顺应"的加工模式。相反，汉语母语者在加工英文字母时，只采用汉语大脑系统就可以加工英文字母，表现出一种"同化"的加工模式[12]。而且，语言之间差异的程度对外语学习具有重要影响。比较韩语－英语和汉语－英语双语者英语加工就可发现，韩语与英语大脑神经活动相似性比汉语与英语更高，因为韩语与英语都是字母语言，语言层面相似度更高，而汉字属于表意文字系统，与英语的差异更大[13]。因此，对于与母语属于同一种语言系统的外语，比如都是字母语言，学习起来比较容易。而语言差异比较大的时候，外语学习就变得比较困难，比如中国人学习字母语言就更难。

反过来，外语学习是一种认知训练，对大脑具有重塑作用。大量研究发现，外语学习可以引起多个脑区结构的改变，包括局部脑区灰质和白质连接；主要涉及语言加工相关脑区，包括左侧额下回、左侧顶下小叶等，以及认知控制与转换的脑区，包括前扣带回、尾状核等。此外，外语学习经验引发大脑白质连接通路的改变，包括下额枕束、丘脑前辐射等[14]。研究还显示，外语学习对大脑的重塑作用受到学习时间的影响，学习外语更早的儿童（5岁）比学习外语更晚的儿童（10~15岁）脑结构的改变更为明显。这一发现进一步支持了外语要早学的观点，越是学得早，大脑塑造作用就越强，学习效果也就越好。

影响外语水平的因素

1. 学习外语的时间

谈到外语学习，学习时间一直是学界与大众最为关注的因素。学习外语是不是越早越好？什么时候是外语学习的"关键期"？"关键期"这个概念最早由艾瑞克·伦纳伯格（Eric Lenneberg）于1967年在《语言的生物学基础》（*Biological Foundations of Language*）这本书中提出，指特定技能或行为模式发展的最敏感时期。如果错过关键期，就意味着可能无法成功获得某项技能。传统观点认为，神经可塑性存在于一定的时间范围内，特别是在出生后的早期发展阶段。因此，儿童早期大脑可塑性更强，学习外语应该更容易。后续大量实证研究支持了这一假设。韦伯-福克斯（Weber-Fox）与海伦·内维尔（Helen Neville）（2001）分析了移民到英语国家的中国儿童的语言能力，这些儿童分别在1~15

岁时移民到国外。早期（7岁之前）移民国外的儿童在进行英语语法加工时的大脑活动几乎和英语母语儿童完全一样。但7岁之后移民到国外的儿童在完成同样的任务时，大脑活动模式与英语母语儿童明显不同。这说明，更早学习外语的儿童，他们更容易形成跟母语者类似的神经系统，学到更地道的外语[15]。

只要早一点学习外语，所有人都能学到地道的外语吗？针对西班牙语-瑞士语双语者的调查显示，12岁之前学习外语的人，他们的外语发音确实表现出跟母语者一样的语言特征。但是，如果让口语达到母语者水平的人完成一些高度复杂的、认知负荷很高的语言任务时，他们还是无法表现出跟母语者一样的水平。这表明，即使学习外语时的年龄很小，也依然很难达到跟母语者一样的外语加工水平。

一项大规模的研究调查了2016317名西班牙移民者与324444名中国移民者，考察了他们移民到美国时的年龄与英语流畅性水平的关系。结果发现，移民时年龄越小，英语流畅性水平越高，这种关系在不同学历的人身上都有一致表现，说明这与个人认知能力无关。这也支持了外语越早学越好的观点。但是，这种外语学习效果随年龄下降的趋势是平缓的，并没有看到明显的拐点，即错过某个年龄段，能够达到的外语流畅性水平就大幅度下降。这说明，并不存在一个明确的外语学习关键期[16]。甚至有人发现，在学习时间相同的前提下，学习外语开始时间晚的儿童，他们在学习语言过程中比那些开始时间早的儿童更有优势[17]。

语言加工涉及语音、语义和语法等不同层面，学习时间的影响在不同语言成分上也有不同，不存在一个"统一的时间窗口"。对于口语学习，出生后的第一年是关键期。对于复杂的句法学习，18～36个月是比较关键的时期。对于外语词汇学习，18个月左右是习得高峰时期，而且词汇学习贯穿在语言学习全过程中。对于语法加工，成年人经过短期的训练，依然可以学习到新的语法规则，并形成与母语类似的神经活动模式[18]。

可以看出，学习外语开始时间早晚只是影响外语水平的因素之一。外语输入数量与练习的机会等环境因素也很重要。即使没有条件让孩子从出生起就接触外语，也不必担心，外语学习的潜能不会消失，会伴随终身。而且，仅仅接触外语并不能保证成为流利的双语者。外语信息输入的质量是影响儿童外语学习的重要因素[19]。因此，在条件允许的情况下，父母要努力提高儿童学习的质量，要想充分利用儿童早期学习语言的优势，还需要科学、系统的教学方法与外语应用环境。

一般而言，外语学习开始时间早，附带的一个因素就是学习时间更长。换句话说，开始时间早带来的优势可能反映的是学习时间更长带来的优势。因此，儿童的外语学习，更重要的是要坚持学习。

2. 音乐训练的影响

音乐与言语都是高度复杂的声音信息，二者具有很多相同点，言语与音乐知觉共享大脑的听觉神经机制。音乐节奏、韵律加工对大脑言语听觉脑区起到锻炼作用，并能作用于大脑的言语加工。比如，音乐家具有更强的词汇声调学习能力[20]。

那么，音乐训练如何促进儿童外语学习呢？科学家做过这样一项研究，他们找来三组人，分别是汉语-英语双语音乐家、汉语-英语双语非音乐家以及英语母语者，要求他们完成英语字母-声音整合任务，这三组人英语学习经验和熟练程度相当。结果发现，只有汉语-英语双语音乐家成功完成了任务。脑电记录显示，双语音乐家在字母-声音整合加工中，与控制加工功能相关的脑电反应更强，表现出自上而下的调节能力[21]。这种能力是在长期专业的音乐经验中获得的，可有效提高外语整合加工时所需的认知控制能力。而且，这种音乐训练带来的这种好处可能与那些语言训练带来的好处不同，是一种一般性的促进作用。看来，儿童参与音乐训练，不仅对他们的母语学习有益，对外语学习也有促进作用。

"听听音乐，长长脑袋"
——音乐训练重塑儿童大脑结构

人类大脑具有一种神奇的能力，就是强大的可塑性。随着环境的改变，我们的大脑也能发生适应性的改变。这种可塑性是人类学习和发展的基础，因为具备这种可塑性，人类才能不断获取与习得新的知识，发展多样的技能。

音乐是儿童期一种重要的环境刺激，涉及多感觉通道感知和运动加工。很多父母都让孩子去参加各种音乐训练班。那么，音乐训练能否有效促进儿童大脑发育呢？加拿大麦吉尔大学与美国哈佛大学医学院的科学家做了一项有趣的研究，观察长期音乐训练对儿童大脑结构的影响[22]。两组儿童参与了这项研究。一组是音乐训练组，包括15名6岁的儿童。他们每周进行半小时的键盘音乐课程，连续进行15个月。另一组对照组儿童没有参加该音乐课程，但参加了学校常规音乐课。在音乐训练前后，研究者对这些儿童进行了全脑的磁共振扫描，测量了他们的脑结构。

训练开始前，两组儿童大脑结构是没有明显差异的。但15周后，参加音乐训练儿童的大脑运动区、初级听觉区与胼胝体的神经元相对大小明显大于没有参加训练的儿童。而且，这些脑结构改变对儿童手部运动能力起到促进作用。除了听觉与运动脑区，音乐训练还引起了儿童背外侧与内侧额叶脑结构的改变。

可以看出，音乐训练确实会对儿童大脑结构带来广泛改变，包括听觉区与运动区等与音乐直接相关的脑区，还包括内侧额叶等负责整合感觉信息与情绪信息的脑区，这种脑结构的改变可能对声音、运动、执行功能与情绪等方面产生促进作用。听觉区与额叶区是儿童语言发展的重要脑结构，这些脑结构的改变可能是音乐训练促进语言能力发展的基础。因此，在条件允许的情况下，可以让孩子多接触或学习音乐，接受一些系统的音乐训练，"长长"他们的大脑。

3. 同伴互动的作用："孩子学外语，两个比一个强"

外语学习过程中，社会互动也是一个非常重要的因素。语言是一种交流工具，反过来，人际交往对语言学习具有促进作用。目前，在线教学已经渗透到儿童教育各个领域，大量家庭选择采用在线视频方式学习外语。但是，对儿童语言学习的研究发现，年幼儿童视频学习效果并不理想。一个经典的案例是美国儿童学习汉语普通话的故事。该案例中，9个月大的美国婴儿来到实验室，接受12次（每次25分钟）的汉语语音学习。汉语语音通过三种方式呈现：（1）一位汉语老师与婴儿进行面对面谈话；（2）相同老师通过录像形式给婴儿呈现汉语的声音；（3）通过录音形式播放相同的汉语声音。结果发现，通过老师面对面谈话学习汉语的婴儿，对汉语声音的辨别能力可以达到母语者水平，但观看视频或听录音的婴儿没有成功学习到汉语[23]。学者把这种视频学习的劣势称为"视频缺陷"。

对于年龄稍大的儿童，这种"视频缺陷"是否依然存在呢？再看看另一个2.5~3岁儿童学习新词的案例。在这个案例中，对一些儿童完全通过视频方式呈现学习材料，对另一些儿童采用一半视频一半老师面对面教学的方式呈现学习材料，最后测试这些儿童在新的情境中使用新词的能力。结果发现，那些接受过老师面对面教学的儿童，他们在更小的年纪就能学会动词，而接受视频教学的儿童学习这类词语要更晚一些，而且学习效果没有那么稳固[24]。

为什么视频呈现不能让儿童更好地学习外语呢？实际上，问题不是出在视频呈现这种形式本身，而是视频学习过程中缺乏有效的社会互动。美国华盛顿大学的科学家发现，有同伴在场的情况下，婴儿学习外语的效果更好[25]。在这个案例中，科学家招募了31个9个月大以英语为母语的婴儿，让他们观看汉语普通话的学习材料，内容是一个中国人讲关于书籍或玩具的故事。与传统的直接播放材料给婴儿看不同，这次，婴儿采用了"主动"的形式观看视频材料，他们可以通过触摸屏自己控制视频播放的进度。更为关键的是，这些婴儿被随机分配两种学习条件：一部分婴儿会有一个同伴在旁边一起观看材料，而另外一部分婴儿是自己单独观看这些材料。观察发现，跟同伴一起学习的时候，婴儿会发出更多类似语音的声音。而且，跟同伴一起学习的婴儿，脑电反应表现出更为成熟的大脑语言加工模式。这表明，在外语学习的早期阶段，同伴参与能起到积极作用，帮助儿童采用一种更为成熟（类似成人）的语言学习模式。

为什么同伴在场能帮助儿童学习外语呢？首先，这是社会互动的作用，这种互动能增强儿童的学习动机。其次，在人际互动过程中，社会交互线索可以帮助儿童更容易地学习词语的意义，而这些重要线索在视频学习中很难捕捉到。最后，基于"模仿学习"的假设，儿童可以参考同伴的动作与反应等信息进行学习，提高了学习成功的概率。

因此，要帮助孩子更好地学习一门外语，可以让他们与同伴一起学习，多互动。尤其是在采用视频在线方式学习的过程中，这种社会互动的作用可能更为明显。同时，让孩子自己控制材料的播放进度，增加其参与度与控制感，增强其学习动机，也是提高学习效率的重要手段。

4. 儿童的主动性

大部分的外语教学，都是把学习者看成一个被教育的对象。如果学习者主观能动性与参与热情调动得不够，会影响外语学习的效果。教育专家指出，应该把学习者看成教育研究的"合作者"，让他们与教育者一起，把学习过程变成一个探索的过程，充分考虑学习者的观点和看法。这一点很重要，老师和父母要相信儿童自己有能力去做一些决策，至少可以提出一些帮助自己学习的建议。一项研究追踪了一组儿童学习外语的历程，时间长达8年（从6岁到14岁）之久。其中一项重要调查是学习者态度的改变，以及这种改变对学习效果的影响。结果发现，学习具有积极、主动态度的儿童学习效果更好。随着年龄的增加，儿童学习动机也随之增强，但是参与度和学习效率却没有提高。这说明，儿童学习外语的持续性与参与度并不会随年龄增加自动提高，这种主动性来自儿童自己学习态度的改变[26]。

很多时候，父母在促进孩子外语学习的过程中，常常考虑外部因素，如老师、学习环境与学习材料等，却忽视了孩子在学习过程中的主观感受，以及这种感受对他们学习结果的影响。在外语学习过程中，需要不断提高孩子的主观参与度，让他们对学习产生自主与积极的态度。常见的方法是创造条件，让其感受到学习外语带来的益处或成就感。比如，让孩子观看外语原版的影视剧，或者创造跟外国人交流的机会，增加学以致用的机会，以此提高外语学习的主动性。

5. 父母的信念

儿童外语学习受到家庭环境的诸多影响，其中一个重要因素是父母的观点和信念。这是影响儿童外语学习相关决策的重要因素，包括对孩子外语水平的期待、对学习环境的选择等。父母的观点与信念来源于多种途径。首先是自己的个人经验。有双语经验的父母，尤其是在工作与生活中使用外语的父母，他们能够直接体验到会一门外语所带来的优势，他们会认同双语的优势，对孩子学习外语持有积极信念。其次，在信息发达的今天，父母可以通过文献书籍、新闻报道等资源，获得语言学习的知识，这是一种自助式的信息来源。父母的育儿观念会受到网上资讯的深刻影响，导致他们采用不同的语言学习策略。但是，这类资讯的质量和可靠程度并不高。国外做过统计，网上超过95%的指导类文献资料缺乏科学实验证据的支撑。但是，一些父母把"专家建议"全盘接受，转化为自己的行动指南，去指导孩子进行外语学习。再次，父母对语言学习的决策还受到文化观念的影响，即文化中那些"好的"或"坏的"父母标准。比如，那些积极支持孩子学习外语的父母，他们被认为是"好的"父母。最后，熟人提供的信息也是重要来源。比如，家庭成员和亲密朋友的建议是语言学习相关行动的重要参考。尤其对妈妈而言，她们更喜欢那些认同彼此育儿观念的妈妈群体所带来的资讯。

实际上，父母对孩子外语学习策略的决定性因素来自个人经验，而不是外部信息。一般而言，父母会选择性地收集那些支持自己信念和观点的信息，而忽略跟自己信念相冲突的信息[27]。因此，对于孩子的外语学习，父母的个人信念很重要。如果父母跟孩子一起学习，体验到其中的乐趣与意义，可能影响父母对孩子语言学习的信念，促使父母采取更为积极的措施促进孩子的外语学习。这种信念上的支持也能在潜移默化中帮助孩子的外语学习。

四 外语学习的误区

1. 外语学习与母语学习一样吗

一种观点认为，外语学习与母语学习的心理加工过程是完全一样的，可以完全按照母语学习的方式去进行外语学习。尽管我们前面提到，从大脑加工的角度来讲，母语学习和外语学习依赖相似的脑网络，但实际上，外语学习与母语学习存在明显的差异。比如，学习环境与方式不同。母语学习，尤其是儿童早期语言获得，实际上是在一种自然状态下完成的学习过程。在家庭和社会交往环境中，儿童自然习得了早期的听说能力。而对于外语学习，大部分人不是与母语学习同步进行的，而是先学习了母语，再学习其他语言。因此，外语学习不是在自然环境中进行，而一般是在课堂教学环境下有意识地进行。这种学习环境与方式的不同，导致外语学习与母语学习中加工方式的差异。比如，在外语学习过程中，人们首先需要抑制母语的激活，多了抑制控制的加工过程。因此，在外语教学过程中，要充分考虑到这种差异性，采用不同的教学策略。

2. 学习外语会造成语言混乱吗

有报道提出，儿童学习外语以后，容易出现同一句话混合使用两种语言的情况。有人担心，儿童学习外语会造成语言使用的混乱，这对正处于语言学习关键阶段的儿童来讲，可能是一个不利因素。但实际上，这种混合编码是外语学习过程中的一个正常现象。第一种可能的原因是，在日常生活中，儿童听到了大人使用这种语言混用的句子[28]。第二种可能的原因是，儿童（尤其是低龄儿童）的语言知识非常有限，很多时候无法找到一个合适的词表达意义。比如，会一种语言的儿童可能用"狗"这个词来指代任何四只脚的生物，而双语儿童在一种语言中找不到合适的词进行表达时，他们就可能采用外语中的词进行替代。与其把这种混用看成是一种"使用混乱"，还不如看成是一种双语儿童灵活使用语言的策略。

随着语言能力的发展，双语儿童能很好地区分母语与外语，不会发生混淆。婴儿对语言之间差异的敏感性非常高，对不同语言中的韵律差异尤其敏感。出生的时候，他们已经具备区分不同语言的能力。当妈妈是说英语的人时，孩子在刚出生时就表现出对英语的特定偏好[29]。到4个月大时，他们就能区分两种韵律十分接近的语言，比如法语和西班牙语[30]。而到8个月大时，只有双语婴儿对不同语言的发音动作和面部姿态具有很好的区分能力，而单语婴儿缺乏这种辨别能力[30-31]。到20个月大时，他们已经能够理解语言混用的句子，加工能力已经跟成人类似。

这说明，年龄很小的双语者也能够很好地区分语言间的差异。而且，在理解这种混用句子的过程中，儿童语言转换加工能力得到了更多锻炼，对认知能力发展有促进作用[32]。因此，我们要对孩子的语言敏感性有足够的信心，他们实际上具有很好的区分语言的能力，不会混淆不同语言，影响语言学习。

3. 双语发展需要更长的时间吗

有人认为：儿童学习一门外语，增加了学习量，语言成熟需要更长的发展周期。实际上，双语（多语）经验影响语言发展速度，并不是因为学习过程不同，而是因为需要更多的学习时间分配到不同的语言经验中。儿童同时学习两种语言，需要发展出一种转换能力，帮助儿童从普遍性语音加工转换到某种语言的特异性语音加工。有研究显示，双语儿童的这种转换发生时间比单语儿童更晚，因此人们认为双语儿童需要更长的学习时间。但是这种延迟取决于诸多因素。比如，儿童所处环境中有多少大人对他们说不同的语言，以及不同语言输入的数量是否有较大差别。如果双语儿童曝露在丰富的多语环境中，有充分的语言输入，他们与只学一种语言的儿童语言发展速度是不会有显著差异的。

学习一种语言与学习两种语言是否存在不同的发展模式与时间进程，还不确定。一部分研究发现，儿童曝露在两种语言环境中，会有不同的语音知觉发展模式出现[33]。但是也有报告显示，双语儿童与单语儿童表现出相似的语音知觉发展模式与时间进程，说明多种语言发展也可以同步[34]。因此，尚无确定的证据表明外语学习导致语言学习进程加长。如果给予儿童适当的语言刺激环境，不同的语言也能同步发展，不会延迟。

4. 双语儿童更容易发生语言障碍吗

有一种说法是，双语儿童比单语儿童更容易发生语言障碍，因为他们在学习语言时更容易发生语言发展延迟现象[35]。但是，这种说法多来自父母的主观感觉，他们认为孩子语言能力发展滞后是双语学习带来的后果。但实际上是这样吗？

双语儿童语言发展滞后的证据，很多来自直接比较双语儿童和单语儿童词汇量的多少。一些报告提示，双语儿童的词汇量明显低于单语儿童。但是，双语儿童学习两种语言，仅针对某一种语言而言，他们的词汇量或许更少，如果计算"概念词汇"的数量而不是某一种语言的绝对词汇数量，这种差异就消失了[36]。比如，双语儿童可能掌握了100个概念，母语中使用70个词语，外语中使用30

个词语，一起来表达这100个概念。但是，对单语儿童来讲，这100个概念没有分配现象，因此测量词汇数量就是100。当我们在某一种具体语言中进行比较的时候，就会出现双语儿童词汇量更少的情形。

年幼的双语者和单语者一样，拥有相同的学习潜能。有证据表明，双语儿童的对话能力与单语儿童不相上下，当听到发音错误或模棱两可的语言时，双语儿童使用与单语儿童相同的策略去修复与识别这些语言信息，最终实现理解。而且，在常见的发展性语言障碍中，包括阅读障碍、口吃、书写障碍等，没有证据提示双语儿童发生比例更高。

另一个相关问题是：如何判定一个双语儿童是否存在语言障碍？这是儿科医生和言语治疗师面临的一个挑战，主要原因是目前缺乏专门测量双语儿童语言发展的工具。如果使用单语儿童的测试和标准去评价双语儿童的语言发展，很可能错误地把一些儿童认定为语言发育迟缓。因此，需要专业言语治疗师和专家开发针对双语儿童语言发展的评价工具和诊断标准，包括以下内容：（1）准确评估双语儿童在每种语言中的语言能力；（2）将儿童在每种语言中的语音、单词、语法和对话方面有问题和无问题的表现整合为一个综合得分；（3）评估儿童在一种或两种语言中是否有延迟和/或障碍的情况；（4）对儿童的语言能力与认知能力进行比较，判断他们的语言能力与认知能力的关系。

总之，如果父母担心双语孩子有语言发展延迟的问题，应该先咨询专业的儿科医生或言语治疗师，通过综合评估来判断孩子的发展状况，而不是依赖父母的估计。这是因为，父母的主观估计很可能是不准确的，容易造成误诊。

五 外语如何教

1. 教学策略

过去几十年，大量外语教学策略和方法被不断应用到儿童外语教学中。其中，比较有代表性的策略包括基于内容的教学、主题式语言教学、语言-内容融合学习法（Content and Language Integrated Learning，CLIL）与沉浸式教学法等。语言-内容融合学习法（CLIL）是目前世界范围内使用较多的一种外语教学方法，其核心是把日常课程内容通过外语的方式进行传授。也就是说，不用特意去学习外语本身，而是把它作为一种教学媒介，为讲授课程内容服务。使用CLIL的学习者会得到更多的指导，学习内容本身是课程内容，对学生而言更有意义，能增强学习兴趣与动机，更有利于外语流畅度的提高。此外，CLIL可以让学习者评价自己的学习，这种评价与自我矫正相结合，对儿童的外语学习起到很好的促进作用。

与CLIL类似，沉浸式教学法也是外语教学的重要方法，旨在提高外语的流畅度。随着技术的进步，这种沉浸式外语教学方法有了越来越多的形式。比如，随着虚拟现实技术的发展与普及，外语教学完全可以基于虚拟现实技术开发出不同的场景，让学习者在具体场景中去学习外语词汇。著名的心理语言学家李平教授团队就开发了一套基于虚拟现实的英语教学系统，这套系统提供了多个英语学习的场景。在场景中，学习者可以通过展示和交互，更好地学习英语。经过测试，这套系统对英语词汇学习具有非常好的效果，比传统的配对学习效果更好[37]。

2. 通过游戏提升儿童英语能力

我国大部分儿童都把英语作为外语，在儿童的英语学习方面，家庭投入了大量的人力与财力。英语是一种拼音文字，英语学习主要依赖语音加工能力。其中，语音意识是预测儿童英语学习能力的核心指标。如果想提升儿童的英语学习能力，可以从提升语音意识入手。下面就介绍几个可以帮助提升儿童语音意识的小游戏，这些小游戏可以在家、教室或户外进行，寓教于乐，对于儿童英语能力的提升非常有帮助。

（1）音节操

这是一个利用身体运动来练习分割音节的游戏，可以提高对词语音节成分的意识。在这个游戏中，孩子听到词语，辨别出音节的顺序，并使用两只手去摸身体的不同部位，对应他们听到的音节顺序，按照从头到脚的顺序进行。比如，听到第一个音节时摸头，听到第二个音节时摸肩膀，听到第三个音节时摸腰部，听到第四个音节时摸膝盖，听到第五个音节时摸脚趾，听到第六个音节时摸脚后跟。例如，"banana[bəˈnɑːnə]"这个单词包含三个音节："ba-na-na"，那么，孩子需要从头开始摸三个部位，完成这次游戏。一般而言，孩子会喜欢用这种自然方式去尝试识别新学的单词。所有类别的词语都可以用来玩这个游戏。作为热身，可以从孩子的英文名字开始。

（2）找朋友

这个游戏也是帮助儿童分解词语中的音节，促进语音意识的发展。这是一个团体游戏，跟孩子平时玩的"找朋友"游戏类似。游戏中，孩子坐成一圈，一张彩色图片上印有一个多音节词和它对应的事物，比如"butterfly[ˈbʌtəflaɪ]"这个词，图片上也呈现蝴蝶。一个孩子被挑选出来，他沿着圈外一直走，说着这个单词的三个音节"but-ter-fly"，同时用手轻轻敲击其他小朋友的后背，每个音节敲一次，这样不断重复做。当这个孩子说出整个词（butterfly）时，他需要敲击选中的那个小朋友（"朋友"）。这个被选中的小朋友需要快速站起来，然后开始追那个选他的小朋友。这样轮流玩一圈算一次。通过使用不同的多音节词，这个游戏可以不断进行下去。

（3）手指计数

这是一种有效帮助儿童对音节计数的方法。当他们听到一个音节时，就弯曲一个手指。一般可以从大拇指开始，直到听到的音节数计量完毕。这个游戏可以采用不同主题的单词。对于儿童而言，接触较多的是动物类的英语单词。可以准备一些动物卡片，提高他们的学习兴趣。这些动物的英文名称会包括不同的音节数量。在游戏过程中，首先要讲清楚规则，然后进行练习，让孩子理解游戏怎么玩。先从音节较少的单词开始，比如，"tiger"这个词，有两个音节（ti-ger），只需要弯曲两根手指。随着游戏的进行，音节长度增加，比如"hippopotamus （hi-ppo-po-ta-mu-s）"。父母或者其他小朋友可以一起玩这个游戏，谁能够数出最多的音节数，谁就赢得游戏。

（4）押韵训练游戏

押韵敏感性是儿童语音意识发展的一个里程碑。押韵训练游戏可以帮其更好地识别英语单词中的押韵词，从而提高语音意识。

a. 找出押韵词

这也是一个团体游戏。在游戏中，孩子们可以围坐一圈，将一把空椅子放在他们中间。一个大人（老师或父母）开始说出一句话，这句话的最后一个词是目标词，孩子需要说出与目标词押韵的另一个词。词语选择有很多，一般可以从孩子的英文名字开始，这样比较容易激发孩子的兴趣。比如，老师（或父母）说：

"I am thinking of a name that rhymes with 'plate'."

"And 'Kate' is the name."

这个时候，名字为Kate的孩子就坐上放在中间的椅子。老师（或家长）继续说出另外的词语，找到不同孩子的英文名字。

当然，这个游戏可以有不同的变式。除了孩子的名字，还可以有很多不同的主题词，比如孩子们比较熟悉的"食物"主题。这个时候，老师（或父母）需要说出的引导语可以是：

"I am thinking of a food that rhymes with 'head'."

孩子可以说出"bread"这个与"head"押韵的词。

b. 选出押韵图片卡

采用图片的形式，呈现一系列的词，这些词中有一些是押韵的，让孩子从中选出押韵词对应的图片进行配对，或者挑出一个不押韵的词对应的图片。这都是训练押韵意识很好的方式。

c. 押韵时间游戏

这个游戏也是通过图片呈现押韵的词，需要制作图片和词语卡片。

 呈现一张图片，比如一只猫的图片，要求孩子说出与"cat"押韵的词。

把孩子的反应记录下来，在黑板上列出这些词。只列出真词（具有意义的词），但是也鼓励孩子说出一些假词（能发音，但没有意义）。这个时候，老师需要解释真词和假词的区别。在这个阶段，一些孩子就能通过类比的方式拼写出相关的押韵词，但一些孩子可能还不能说出答案。

 如果孩子不会，就让他们猜一下。当其完成猜测后，给他们看所有的词语卡片。一些孩子可以读出卡片上的词语。如果猜出了某个词语，就让他们拿到卡片。如果没有，老师继续拿着卡片。

在这个阶段，需要问孩子什么音是所有词语卡片中共有的。然后问他们，哪些字母是这些词所共有的。它们是非常重要的问题，可以引导孩子去思考语音的类别以及这些语音在什么情况下有相同的拼写形式。在英语学习的早期阶段，帮助儿童认识到相似的语音和字形的对应关系，是发展语音意识非常重要的步骤。

在有些情况下，即使是押韵的词语，也具有不同的拼写形式。游戏可以很好地帮助儿童认识到这种情况，让他们在后面的押韵判断中能够更好地做出判断。

可以使用如下图片和词语卡片进行这个游戏。

HAT: mat, fat, cat, sat, bat, rat, pat, at, that, brat, flat...

MAN: pan, tan, fan, Dan, can, ran, ban, van, an, plan, Jan...

TAP: map, nap, snap, lap, trap, slap, clap, gap, rap...

CAR: jar, bar, tar, far, star...

SAD: had, lad, mad, glad, Dad, bad...

BAG: flag, tag, rag, wag...

BALL: fall, tall, wall, call, hall, small, all...

BLACK: rack, back, sack, Jack, pack, track, snack...

家庭中的方言环境对儿童语言能力发展的影响

我国幅员辽阔，语言资源非常丰富。天南海北的各种方言在发音上存在巨大差异。我们经常会听到几个人用不同的方言聊天。有的家庭用两三种方言进行日常交流。有的父母会担心，孩子出生后的前三年是语言发展关键期（尤其是口语发展），大人的各种方言会不会影响孩子的语言发展，尤其是口音的形成呢？

实际上，科学研究发现，7个月大的婴儿已经能够分辨出两种语言了。比如，在我国，方言和普通话作为同一种语言系统下的"变式"，孩子区分和掌握自然都不成问题。一项脑电研究中，科学家比较了有方言经验与无方言经验的人在辨别声音特征中的表现。结果发现，无方言经验的人，他们没有表现出大脑语言加工左侧化的趋势，而有方言经验的人，他们表现出典型左侧化模式。我们前面讨论过，左侧化大脑活动模式是语言发展的重要神经基础[38]。这说明，方言经验有利于大脑对语音信息的知觉加工。同样，一项脑功能磁共振研究也发现，在听故事的时候，有方言经验的人比无方言经验的人更多地激活了左侧前部颞叶脑区，而这个脑区负责理解语义。这说明，方言经验提升了语言理解的能力。

此外，不同的方言为孩子呈现了语音的不同变式，蕴含了更多的声音、节律信息的变化，这些信息能够训练孩子语音辨别与知觉能力，帮助他们更好地记忆语音信息。经历丰富的语音形式的训练，孩子会具有更好的语音"泛化能力"。

这种语音变式材料还常常被用来治疗语言障碍儿童，例如阅读障碍儿童。

现实中诸多例子也让我们看到，孩子的语言发展并没有因为养育者的口音而受到影响，许多著名播音员、主持人都是在不同方言区成长起来的，他们没有因为自己的方言环境影响到普通话口音。科学研究提示，孩子的成长环境中丰富、变化多样的语言刺激还可能提高语音知觉的敏感度，有助于孩子语言能力的发展。因此，对方言环境阻碍儿童早期语言能力发展的担心大可不必。

参考文献

1. Grosjean F. Bilingual: Life and Reality[M]. Cambridge: Harvard University Press, 2010.
2. Bialystok E. Cognitive Complexity and Attentional Control in the Bilingual Mind[J]. Child Development, 1999, 70(3):636-644.
3. Carlson S M, Meltzoff A N. Bilingual experience and executive functioning in young children[J]. Developmental Science, 2008, 11(2):282-298.
4. Blom E, Küntay A C, Messer M, et al. The benefits of being bilingual: Working memory in bilingual Turkish-Dutch children[J]. Journal of Experimental Child Psychology, 2014, 128:105-119.
5. Simonton D K. Bilingualism and creativity[M] // Altarriba J, Heredia R R. An Introduction to Bilingualism: Principles and Processes. Mahwah, NJ: Erlbaum, 2008.
6. Dick A S, Garcia N L, Pruden S M, et al. No evidence for a bilingual executive function advantage in the nationally representative ABCD study[J]. Nature Human Behaviour, 2019, 3(7):692-701.
7. Fan S P, Liberman Z, Keysar B, et al. The Exposure Advantage: Early Exposure to a Multilingual Environment Promotes Effective Communication[J]. Psychological Science, 2015, 26(7):1090-1097.
8. Krahnke K J. Principles and Practice in Second Language Acquisition[J]. TESOL Quarterly, 1983, 17(2):300-305.
9. McLaughlin B, Heredia R. Information-Processing Approaches to Research on Second Language Acquisition and Use[M] // Ritchie W, Bhatia T. Handbook of second language acquisition. San Diego: Academic Press, 1996:213-228.
10. Krizman J, Marian V, Shook A, et al. Subcortical encoding of sound is enhanced in bilinguals and relates to executive function advantages[J]. Proceedings of the National Academy of Sciences of the United States of America, 2012, 109(20):7877-7881.
11. Tan L H, Chen L, Yip V, et al. Activity levels in the left hemisphere caudate-

12. Nelson J R, Liu Y, Fiez J, et al. Assimilation and accommodation patterns in ventral occipitotemporal cortex in learning a second writing system[J]. Human Brain Mapping, 2009, 30(3):810-820.
13. Kim S Y, Qi T, Feng X, et al. How does language distance between L1 and L2 affect the L2 brain network? An fMRI study of Korean-Chinese-English trilinguals[J]. Neuroimage, 2016, 129:25-39.
14. Li P, Legault J, Litcofsky K A. Neuroplasticity as a function of second language learning: Anatomical changes in the human brain[J]. Cortex, 2014, 58:301-324.
15. Weber-Fox C, Neville H J. Sensitive periods differentiate processing of open- and closed-class words: an ERP study of bilinguals[J]. Journal of Speech, Language, and Hearing Research, 2001, 44(6):1338-1353.
16. Hakuta K, Bialystok E, Wiley E. Critical evidence: a test of the critical-period hypothesis for second-language acquisition[J]. Psychological Science, 2003, 14(1):31-38.
17. Nikolov M, Djigunović J M. Recent research on age, second language acquisition, and early foreign language learning[J]. Annual Review of Applied Linguistics, 2006, 26:234-260.
18. Friederici A D, Steinhauer K, Pfeifer E. Brain signatures of artificial language processing: Evidence challenging the critical period hypothesis[J]. Proceedings of the National Academy of Sciences of the United States of America, 2002, 99(1):529-534.
19. Munoz C. Contrasting Effects of Starting Age and Input on the Oral Performance of Foreign Language Learners[J]. Applied Linguistics, 2014, 35(4):463-482.
20. Wong P C M, Perrachione T K, Parrish T B. Neural characteristics of successful and less successful speech and word learning in adults[J]. Human Brain Mapping, 2007, 28(10):995-1006.
21. Wang C, Tao S, Tao Q, et al. Musical experience may help the brain respond to second language reading[J]. Neuropsychologia, 2020, 148:107655-107655.
22. Hyde K L, Lerch J, Norton A, et al. Musical training shapes structural brain development[J]. Journal of Neuroscience, 2009, 29(10):3019-3025.
23. Kuhl P K, Tsao F M, Liu H M. Foreign-language experience in infancy: Effects of short-term exposure and social interaction on phonetic learning[J]. Proceedings of the National Academy of Sciences of the United States of America, 2003, 100(15):9096-9101.
24. Roseberry S, Hirsh-Pasek K, Parish-Morris J, et al. Live Action: Can Young Children Learn Verbs from Video?[J]. Child Development, 2009, 80(5):1360-1375.

25. Lytle S R, Garcia-Sierra A, Kuhl P K. Two are better than one: Infant language learning from video improves in the presence of peers[J]. Proceedings of the National Academy of Sciences of the United States of America, 2018, 115(40):9859-9866.
26. Nikolov M. 'Why do you learn English?' 'Because the teacher is short.' A study of Hungarian children's foreign language learning motivation[J]. Language Teaching Research, 1999, 3(1):33-56.
27. King K, Fogle L. Bilingual Parenting as Good Parenting: Parents' Perspectives on Family Language Policy for Additive Bilingualism[J]. International Journal of Bilingual Education and Bilingualism, 2006, 9(6):695-712.
28. Comeau L, Genesee F, Lapaquette L. The Modeling Hypothesis and child bilingual codemixing[J]. International Journal of Bilingualism, 2003, 7(2):113-126.
29. Byers-Heinlein K, Burns T C, Werker J F. The roots of bilingualism in newborns[J]. Psychological Science, 2010, 21(3):343-348.
30. Weikum W M, Voutoumanos A, Navarra J, et al. Visual language discrimination in infancy[J]. Science, 2007, 316(5828):1159-1159.
31. Sebastián-Gallés N, Albareda-Castellot B, Weikum W M, et al. A bilingual advantage in visual language discrimination in infancy[J]. Psychological Science, 2012, 23(9):994-999.
32. Byers-Heinlein K. Parental language mixing: Its measurement and the relation of mixed input to young bilingual children's vocabulary size[J]. Bilingualism:Language and Cognition, 2013, 16(1):32-48.
33. Bosch L, Sebastián-Gallés N. Simultaneous Bilingualism and the Perception of a Language-Specific Vowel Contrast in the First Year of Life[J]. Language and Speech, 2003, 46(2-3):217-243.
34. Burns T C, Yoshida K A, Hill K, et al. The development of phonetic representation in bilingual and monolingual infants[J]. Applied Psycholinguistics, 2007, 28(3):455-474.
35. Paradis J, Crago M, Genesee F, et al. French-English bilingual children with SLI: how do they compare with their monolingual peers?[J]. Journal of Speech, Language, and Hearing Research, 2003, 46(1):113-127.
36. Marchman V A, Fernald A, Hurtado N. How vocabulary size in two languages relates to efficiency in spoken word recognition by young Spanish-English bilinguals[J]. Journal of Child Language, 2010, 37(4):817-840.
37. Legault J, Zhao J, Chi Y A, et al. Immersive Virtual Reality as an Effective Tool for Second Language Vocabulary Learning[J]. Languages, 2019, 4(1):13-13.
38. Sato Y, Utsugi A, Yamane N, et al. Dialectal differences in hemispheric specialization for Japanese lexical pitch accent[J]. Brain and Language, 2013, 127(3):475-483.

儿童语言能力培养问答篇

一 使用电子产品对儿童语言能力发展有哪些利与弊

电子产品在我们生活的各个方面都扮演着不可替代的角色，也渗透到儿童的成长环境中。据统计，大约98%的0～8岁儿童生活在有互联网设备的家庭环境中。父母或其他照料者对儿童使用电子产品的时间进行估计，1～7岁儿童每天都会使用电子产品。其中，3岁儿童在智能手机上花费的时间约0.6小时/天，而5岁儿童使用触摸屏平板电脑的时间也是约0.6小时/天[1]。使用电子产品对儿童成长来说有哪些利与弊呢？这是当下儿童教育领域中非常重要的问题，也是父母们最关注的问题之一。

1. 屏幕学习创造了语言学习的新途径

电子产品为儿童发展提供了丰富的刺激，为儿童教育提供了更为便利的条件，可以足不出户为儿童提供各种学习资源。语言学习更是如此，在线学习可以帮助儿童轻松接触到更多的语言学习资源，更为便利地与老师交流沟通，为儿童语言能力的发展打开了广阔的空间。

事实上，多媒体技术对早期语言学习具有促进作用[2]。从认知加工角度考虑，多媒体技术符合人类认知加工的双重编码要求。双重编码理论认为，长时记忆可分为表象系统和语义系统。表象系统以鲜活、具体的知觉表象编码来储存信息，语义系统以语义概念形式编码来储存信息。当信息以语言模式（如口头叙述）和非语言模式（如多媒体可视化）呈现时，两个编码系统都能够被启动，并发生相互作用。在这个时候，会进行更深层次的学习。而且，语言和非语言表象信息在时间上越接近，学习效果就越好[3]。多媒体技术提供了一种方式，可以将非语言表象信息通过整合的方式可视化呈现，促进学习者对学习内容的理解[4-5]。

多媒体信息的数量与质量都对儿童的语言学习具有一定影响。而在外语学习过程中，多媒体信息的质量比数量更为重要。调查发现，对4～5岁汉语−英语双语儿童而言,多媒体信息输入的多样性比多媒体信息输入的绝对数量对外语学习影响更大,但是,在家中接触多媒体信息对儿童母语学习效果影响不大[6]。另外,相对于传统教育方式,多媒体内容与形式更为有趣,更加活泼生动。因此,多媒体信息往往更能吸引儿童的注意力。注意是一切人类认知加工活动的前提,儿童只有把注意力放到学习内容上,学习才能够发生。当学习材料以多媒体方式呈现时,儿童注意力更能够被吸引过去。更为重要的是,注意力的保持能够增强他们的学习动机,有助于提升语言学习的效率[7]。

2. 警惕使用电子屏幕的负面影响

电子屏幕的使用分为两种类型:被动使用与主动使用。

被动使用 — 一些情况下,儿童使用电子产品处于一种被动接受的状态,他们只是观看电子产品呈现的内容,这是一种被动使用电子屏幕的形式。比如,我们常常看到,父母把孩子置于一个电视屏幕或手机屏幕前,打开一部动画片,让孩子观看。这种情形下,孩子通常不涉及创造性或认知性思考,也缺乏身体或精神层面与播放内容的互动。这种情况下,孩子在很大程度上是久坐不动的。

另一些情况下,儿童需要对屏幕内容进行反应或进行一些互动。比如,在线学习过程中,儿童不仅需要接收信息,也需要主动思考,通过鼠标、键盘或触屏的方式与屏幕内容进行互动,这其实是一种主动关系。 — **主动使用**

长时间被动使用电子屏幕,可能带来一些负面影响。从语言能力发展方面看,过多使用电子屏幕对儿童口语能力与阅读能力的发展都有负面的影响。

（1）使用电子屏幕对儿童口语能力的影响

使用电子屏幕可能损害儿童口语沟通能力。一项调查研究中，研究者在2011年9月至2015年期间，分12次观察了使用移动电子设备对儿童口语沟通能力的影响。893名儿童参与调查，平均年龄18.7个月，其中54.1%是男孩。移动电子设备使用时间是通过父母报告得来，分为工作日与周末两种时间类型。孩子口语沟通能力通过口语沟通问卷进行测试。大多数父母报告他们的孩子每天使用移动电子设备的时间为0分钟（693人，占77.6%），而父母报告有使用移动电子设备的儿童（200人，占22.4%）中，每天使用时间的中位数是15.7分钟（范围：1.4～300分钟）。这些儿童中，移动电子设备的使用与他们的语言延迟之间确实存在着显著的关联。儿童沟通能力发展迟缓包括两个方面：表达性语言延迟和其他沟通能力发展延迟。对于使用移动电子设备的儿童，每日使用电子屏幕时间每增加30分钟，就会明显增加口语能力发展迟缓的风险[8]。这说明，如果儿童较早接触了电子产品，他们表达和交流能力出问题的风险会明显增加。

这种影响可能与儿童口语刺激与练习的减少有关。儿童过多使用电子屏幕，以被动倾听的方式接触语言，更容易受到多媒体语音与视频信息的吸引，但这种被动倾听对口语萌发与发展非常不利。口语发展需要创造大量口语产生的环境，儿童需要在外在刺激下不断增加口语练习，才能有效促进口语能力的发展。在电子屏幕使用时间增加的情况下，口语刺激与练习的机会显著变少了。另外，儿童早期口语发展在很大程度上依赖父母的启发，与父母进行口语交流是儿童口语发展的根基。长时间使用电子屏幕，减少了亲子交流的时间，间接影响儿童口语能力发展。

（2）使用电子屏幕对儿童阅读能力的影响

家庭识字环境是儿童语言发展、入学准备、学习成绩和问题行为的关键影响因素。随着数字媒体的广泛侵入，人们的阅读时间显著减少，电子屏幕的使用时间会直接影响儿童阅读能力的发展。2440名母亲和儿童参与了一项调查研究，考察了电子屏幕使用时间与阅读能力发展的关系。这些儿童在24个月、36个月和60个月大时，研究者通过母亲报告的方式评估了他们的阅读能力和电子屏幕使用情况。结果发现，如果儿童在2岁时过多使用电子屏幕，他们在3岁时的阅读能力会更弱。后续追踪发现，那些在3岁时阅读能力比较弱的儿童，他们在5岁时又会更多地使用电子屏幕。在3岁时，如果儿童每天阅读时间减少10分钟，他们在5岁时每周电子屏幕使用时间就会增加25分钟。这项调查告诉我们，儿童早期过多地使用电子屏幕可能减少后期阅读活动，造成阅读能力发展不足。而儿童在3岁这个阶段阅读能力下降，会显著减少早期阅读经验，比如绘本阅读数量少，最终导致他们对阅读没有兴趣或感受不到阅读过程带来的乐趣。这样的情况持续2年，这些儿童可能又更偏爱观看电子屏幕带来的乐趣，导致他们更多地依赖电子屏幕。简而言之，这是一种恶性循环：儿童早期过多地使用电子屏幕会减缓后期阅读能力的发展，而阅读能力发展的落后又导致更多地使用电子屏幕[9]。

电子屏幕使用时间对阅读能力发展的影响是广泛存在的。现在，过多地使用电子屏幕对儿童早期阅读能力发展的损害已经引起了广泛关注。多个国家相继出台了儿童电子屏幕使用指南，鼓励家庭参与无电子屏幕的活动，促进儿童早期阅读能力的萌发与持续发展。

3. 使用电子屏幕对儿童脑发育的影响

使用电子屏幕如何影响儿童语言能力的发展呢？实际上，这种影响通过大脑功能或结构的变化起作用。近年来，随着脑成像技术应用到儿童脑发育领域，电子屏幕使用与儿童脑发育的关系越来越清晰，也解释了使用电子屏幕如何影响儿童语言能力的发展。

有科学研究发现，使用电子屏幕会影响与语言相关的脑神经连接通路。在一项研究中，研究者对3~5岁健康儿童进行了一系列认知测试与脑结构连接的扫描。同时，这些儿童的父母报告了儿童电子屏幕使用的情况，包括接触屏幕时间、使用频率、观看内容和观看次数等。在语言方面，研究者对儿童进行了快速命名测试、表达性词汇测试与识字技能测试等。分析发现，电子屏幕使用时间与语言表达成绩呈负相关：电子屏幕使用时间越长，儿童语言表达能力越差。大脑结构扫描发现，电子屏幕使用时间与弓状束、下纵束、钩束等神经纤维束连接质量相关，这些脑结构通路负责口语能力、执行功能与阅读能力的发展。而且，电子屏幕使用时间与脑结构的关系不受儿童年龄与家庭经济状况的影响[10]。这说明，儿童早期过多地使用电子屏幕可能影响与语言相关的重要脑结构通路的正常发育，最终干扰语言能力的正常发展。

除了大脑结构，使用电子屏幕也会影响儿童大脑功能网络发育。儿童早期大部分时间是采用纸质阅读方式进行阅读，随着年龄的增加，电子屏幕使用变得越来越多。实际上，无论是纸质阅读还是电子阅读，对大脑功能都具有一定的塑造作用。一项研究考察了8~12岁儿童纸质阅读、电子阅读与大脑功能网络连接的关系。结果发现，纸质阅读时间与大脑左侧语言、视觉和认知控制的功能连接呈正相关。相反，电子屏幕使用时间（电子阅读时间）与语言及认知控制脑网络连接呈负相关。这说明，电子阅读和纸质阅读对大脑语言、视觉和认知控制脑区的功能整合具有完全不同的影响。过多地使用电子屏幕可能导致阅读脑功能连接下降，阻碍阅读能力发展[11]。

使用电子屏幕对阅读的影响在阅读障碍儿童身上更为明显。一项对9岁阅读障碍儿童的研究发现，尽管阅读障碍儿童并没有比正常儿童表现出进行了更多的电子阅读，但阅读障碍儿童的脑功能连接与电子阅读时间/纸质阅读时间的关系不同于正常儿童。阅读障碍儿童大脑突触网络、额叶控制网络与电子阅读时间/纸质阅读时间相关程度更高。研究者认为，阅读障碍儿童电子阅读多于纸质阅读概率更大，阅读障碍儿童使用电子屏幕可能降低了他们认知控制脑网络的加工效率[12]。对于阅读有困难的儿童而言，他们的语言或其他认知脑功能网络本来就更为脆弱，较长的电子屏幕使用时间对脑功能网络的损伤可能变得更为突出。因此，电子屏幕使用时间的限制，对阅读障碍儿童而言要更为严格。

4. 如何让孩子接触电子屏幕

从目前的证据看，使用电子屏幕对儿童的行为与脑发育都可能存在明显的负面影响。但是，在电子信息时代，电子屏幕的接触与使用又是一个必然的过程。尤其是随着儿童年龄的增长，他们自主接触电子屏幕的机会大大增加，父母不可能完全排除电子屏幕的使用。而且，也有研究综合分析了不同类型的电子屏幕与儿童语言能力发展的关系，发现尽管更多的屏幕使用量可能导致儿童语言能力下降，但是高质量地使用电子屏幕（观看教育节目、父母与孩子共同观看）实际上也能促进儿童语言能力的发展。此外，儿童何时开始使用电子屏幕也是一个重要的影响因素。总结多年的研究发现，较晚接触电子屏幕，儿童语言能力发展更好[13]。这说明，限制儿童电子屏幕的使用，不仅包括使用时间，还要关注什么时候让他们接触。一般而言，接触电子屏幕越晚，对儿童的语言能力发展越有利。

屏幕内容和观看过程也是非常重要的因素。如果想通过电子屏幕进行学习，需要选择高质量的教育类节目，尽量减少玩电子游戏的时间。孩子使用电子屏幕过程中，父母的参与和指导十分重要。很多时候，使用电子屏幕带来的负面影响与使用过程中缺乏及时的指导和监控有关。孩子在看电子屏幕时，父母要尽量跟孩子一起观看，监控内容，更为重要的是，跟孩子一起观看是很好的亲子交流的机会。比如，孩子可以跟父母一起交流观看内容，讲述对内容的理解，这也给孩子提供了口语表达的练习机会。而电子屏幕之所以对儿童造成严重的负面影响，很多时候是因为父母把电子设备扔给孩子，对孩子观看的内容和过程完全不监控，也不参与。这会让电子屏幕的使用失去控制。

儿童电子屏幕使用建议

美国儿科学会曾经对不同年龄的孩子如何使用电子屏幕以及父母如何与孩子一起使用电子屏幕提供了一些有益的建议。

1. 对于18个月以下的孩子，父母应该尽量避免让其接触电子屏幕。如果要使用电子屏幕与家人联系或沟通（比如亲子视频），需要有成人陪同孩子使用。

2. 18~24个月的孩子可以开始接触一些电子产品并使用电子屏幕。需要注意的是，一定要限制使用时间，还要帮助他们选择高质量的节目。此外，父母应尽量与孩子一起观看这些节目，帮助孩子理解屏幕中出现的内容。父母在整个过程中提出一些启发性问题，有助于提高孩子的认知能力。

3. 对于2~5岁的孩子，父母要认识到，完全切断孩子与电子屏幕的联系是不太现实的。在这个阶段，对于非教育类的内容，要严格限制电子屏幕使用时间，一般工作日约1小时，周末约3小时。同样，父母应尽量参与，比如与孩子一起看电视或玩游戏。这将有机会帮助孩子将屏幕上的内容与现实世界更好地联系起来。

4. 对于6岁以上的孩子，家长应继续限制他们的电子屏幕使用时间，并鼓励他们养成一种健康的使用习惯。父母仍然需要积极监督孩子的电子屏幕使用情况，确保不影响他们的学习、睡眠或其他与健康生活相关的重要活动（比如身体锻炼）。

5. 在用餐时间、家庭出游时和睡前30~60分钟关闭电子屏幕，不允许使用。

6. 父母需要熟悉孩子正在关注的节目或正在玩的电子游戏，确保这些内容适合这个年龄段的孩子，并清楚电子设备上的时间控制设施，比如游戏时间设置。

7. 避免使用电子屏幕来安抚不良行为。由于孩子对电子屏幕的渴求，父母错误地把使用电子屏幕作为一种奖励。虽然这是避免孩子发脾气最快捷的办法，但它会迅速变成一种反射性的习惯。如果孩子开始期待每次哭闹后获得电子屏幕使用时间，这种习惯将很难改变。

8. 让所有使用电子屏幕的时间尽可能地吸引人。如前所述，父母应尝试与孩子一起观看电子屏幕，而不是把他们安置在电视或平板电脑前，然后自己走开。跟孩子谈论他们在屏幕上看到的东西，提出问题，在屏幕内容与现实生活之间建立有意义的联系。

9. 父母在电子屏幕使用方面应树立良好的榜样。根据社会学习理论，父母的行为很容易成为孩子的学习参照。如果父母自己使用电子屏幕时毫无节制，那么孩子很容易就学习到这种行为。在与孩子互动时，应把手机或其他电子产品放在一边，专心投入。

二、"贵人语迟"有道理吗

1. 贵人语迟——说话早晚的问题

小男孩聪聪今年1岁半，长得乖巧可爱，非常讨人喜欢。但最近，他的父母正在为一件事情烦心：身边与聪聪同龄的孩子已经能够跟父母说话交流了，但小聪聪还不会叫爸爸妈妈。每当提起此事，周围一些家长就用老话"贵人语迟"来宽慰聪聪父母。

在日常生活中，人们常常用"贵人语迟"来宽慰那些说话晚的孩子的父母，认为那些孩子口语能力发展迟缓，可能反而是一种能力超群的表现。确实有很多人，包括很多名人，他们开口说话很晚，但后来成就卓越。其中一个经典的案例是爱因斯坦。爱因斯坦可以说是全世界最聪明的科学家之一。据传，他开口说话就非常晚，在9岁时口语才达到完全流利的状态。

虽然爱因斯坦很晚说话可能确有其事，但"说话晚"这个现象是需要引起父母足够重视的。一般而言，儿童说话能力在1岁左右发展起来。虽然儿童说话早晚存在非常大的个体差异，但如果超过2岁口语表达能力还是没有发展起来，就需要引起重视，这可能是语言发育迟缓的表现。如果盲目相信"贵人语迟"这类说法，可能耽误最佳的诊疗时间。如果发现孩子开口说话时间明显延迟，需要去专业儿童言语科室进行检测，判断究竟是正常的"个体差异"，还是语言发育迟缓。

语言发育迟缓是一种常见的儿童发育问题，语迟者一般是指18～35个月大的儿童，他们在语言获得方面显著落后于同龄儿童。这些儿童在词汇表达和理解方面都存在问题，但没有一般认知、神经系统、社会情绪和其他感觉系统障碍[14]。对于语言发育迟缓的甄别，一般采用儿童发育量表，比如格塞尔发展量表或者韦氏智力测验。在我国，汉语沟通发展量表[15]与学前儿童语言障碍评量表是常用的诊断工具。诊断标准为词汇表达的百分等级低于15%（或低于1个标准差）。近期，一些基于人工智能与大数据的方法被开发出来，可通过儿童语音材料进行自动诊断[16]。

汉语儿童中，如果2岁时口语表达词汇量少于30个；或30个月时，男童口语表达词汇量少于3个，女童少于5个，则可能为语言发育迟缓。据统计，我国儿童语言发育迟缓发生率为12.89%[17]到15.2%[18]。在国外，2岁儿童语言发育迟缓的发生率约为15%，语言发育迟缓的儿童中，约43%的儿童会在6～11岁出现阅读障碍[19]。在诊断语言能力发展时，需要考虑性别因素，因为语言发展轨迹存在显著的性别差异，女孩语言能力发展早于男孩。

还有一点需要关注，语言发育迟缓与语言晚熟要区分开。虽然都表现为发展落后，但二者在语言发展轨迹上具有完全不同的特征。一般而言，到4岁才能确诊语迟儿童为语言障碍还是语言晚熟，而这两类语迟儿童从2岁开始就已展现不同的语言发展模式[20]。但是，对语迟儿童的诊断存在两难的境地。通常，如果儿童在4岁以下，医护人员倾向于对语迟儿童采取"等等看"的策略，会选择持续追踪的方式进行监控。如此一来，语迟儿童很可能错过早期语言矫治的敏感期。

需要注意的是，"语迟"不是严格临床定义的障碍名称，只是一种情况的描述，可能最终会变成某种语言障碍。语迟的出现与生物、基因、社会与家庭环境等多种因素有关，出现的危险因素越多，后期发展为持续性语言障碍的概率就越大。一般来说，这种语迟问题并不是因为养育不当、接种疫苗、环境毒素或缺乏营养物质造成的。尤其是父母要明白，他们不是造成孩子语迟的原因，没有必要因此而感到内疚。而且，这种内疚感对帮助孩子提升语言能力没有帮助，有时还适得其反，产生负面作用。比如，父母的内疚和压力可能在日常的行为中表现出来，传递给孩子。语言病理学家斯蒂芬·卡马拉塔（Stephen Camarata）就是一名语迟者，他在*Late-Talking Children: A Symptom or a*

Stage? 一书中提到，对于大多数幼儿来说，说话早晚只是他们正在经历的一个发展阶段而已，可能并不会出现父母担心的严重发育障碍。部分语迟儿童在进入学校以后，语言发展能够赶上正常儿童[21]。但是，究竟有多大比例的儿童会出现语言或其他障碍呢？目前科学研究报告显示的比例范围较大，有20%～50%的语迟儿童可能出现持续的语言问题[22-24]。比例范围较大的一个主要原因是不同研究追踪儿童的时间长短不同，有的研究追踪到4岁，有的到7岁，有的到10多岁。

2. 语言发育迟缓的表现

首先，语言发育迟缓表现为词汇量小。

正常儿童：在10～13个月，会学会第一个单词，到18个月时，每个月能学到大约10个新词。在17～20个月，会学会约50个单词。

语迟儿童：2岁时，平均掌握约18个词；30个月时，平均掌握约89个词；3岁时，平均掌握约195个词。

大家关心的问题是，语迟儿童词汇量小，是否更容易发展为语言障碍，比如阅读障碍？一项研究调查了语迟儿童在2~10岁的语言发展状况，发现在8年的时间跨度里，大约有5.6%的儿童表现出持续的低语言能力，5.9%的儿童语言能力有所改善，23.2%的儿童语言能力持续恶化。这些数据告诉我们，语言发育迟缓确实更可能发展为语言障碍。与正常儿童相比，语言能力持续恶化的儿童具有这些特征：母亲在怀孕期间吸烟、父亲学历低、家庭收入低、早期识字环境差、性别是男性等，这些因素可能是语言发育迟缓发展成语言障碍的原因[24]。

其次，语言发育迟缓表现为声调加工困难。在声调语言（如汉语）中，声调承载着重要的词汇信息。在汉语中，声调可以区分不同的词，声调不同，词的意义就不同。因此，声调是汉语理解与词汇记忆的重要语言线索。语言发育迟缓的汉语儿童常常在声调检测任务中存在明显困难[25]。例如，一项研究考察了汉语儿童中的语迟儿童与正常儿童听到普通话声调的脑电反应。儿童被分为两组：一组是持续落后组，一组是追赶组，区分标准是4岁时语言能力是否正常。结果发现，持续落后组儿童3岁时，与正常儿童相比，对声调有异常的脑电反应。在5岁时，只有正常儿童的额叶对声调刺激有正常的脑电反应。这说明，语言发育迟缓的汉语儿童在3～5岁时对汉语声调的表征出现异常，这可能是后期发生语言障碍的大脑基础[26]。

最后，语言发育迟缓影响儿童的语言交流，可能导致行为与社会交往问题。早期语言表达困难与社会情感适应不良有关。观察亲子游戏中的儿童互动过程可以发现，与正常儿童相比，语迟儿童更沮丧、更严肃、较少请求帮助，而且对游戏的警惕性和兴趣更低。语迟儿童表现出更高的焦虑和抑郁率、退缩和睡眠障碍等问题。此外，语迟儿童更有可能出现行为和社交问题。比如，由于他们难以进行有效沟通，可能会表现出各种外化的攻击行为。但随着年龄增长与语言技能的提升，这些社会情感行为也会得到改善。

3. 语言发育迟缓的原因

（1）遗传因素

遗传因素是语言发育迟缓发生的重要因素。语言障碍家族史似乎是儿童出现语言发育迟缓的主要风险因素之一。与无语言障碍家族史的儿童相比，具有语言障碍家族史的儿童成为语迟儿童的风险高2倍[27]。

（2）与父母语言交流的质量

调查发现，虽然正常儿童和语迟儿童在与父母交流的次数上没有明显差异，但在质量方面存在差异。语迟儿童的父母对孩子的语言反应更少，更倾向于开始新的交谈或者引入一个新的话题，而不是对孩子说的话做出持续反应。比如，相对于正常儿童的父母，语迟儿童的父母为了让孩子更多地参与交谈，他们会更频繁地转换话题[28]。但是，这会导致他们无法跟随孩子的话题进行持续有效的互动。

（3）父母的压力

父母压力水平与儿童语言发育迟缓显著相关[29]。由于孩子的语言发展落后于同龄儿童，这些孩子的父母承受的压力大增，一般是正常儿童父母的2~3倍。如果孩子成长在一个父母压力很大的环境中，更容易出现语言发育迟缓的问题，或者更容易让语迟问题变得更严重。

（4）家庭经济状况

家庭经济状况是儿童认知能力发展的重要因素，也是儿童语言发育迟缓的一个重要因素。但是，这并不是意味着家庭经济收入直接影响儿童语言发展，它是一种间接调控因素。比如，受过高等教育的母亲，她们在跟孩子交流的时候，更有可能使用丰富的词汇和复杂的句子。因此，来自高收入家庭的孩子，他们更可能掌握丰富的词汇[30]。所以，家庭经济状况好坏并不是一个直接的因素，这个因素是否起作用，还要看起作用的中介因素，比如父母的学历、父母与孩子的交流方式等。换句话说，即使成长在家庭经济状况一般的家庭，如果他们的父母采用积极、丰富的语言与孩子交流，也能降低出现语言发育迟缓的风险。

4. 语言发育迟缓的大脑异常

在大脑层面，儿童语言发育迟缓可能与程序记忆系统缺陷有关。纹状体是负责运动启动与程序记忆的脑区，在学习新技能中发挥着重要作用。这个脑区的功能发展异常，可能导致儿童无法学习语言产生过程所需要的运动程序，使他们无法正常开口说话。一项对174名4~12岁儿童开展的研究发现，那些说话晚的儿童，他们双侧丘脑、基底节（壳核）、左侧岛叶和颞上回的激活程度要比说话早或正常的儿童都要低[31]。丘脑和壳核都是控制语言学习和语言运动的重要脑区。这说明，说话晚的儿童大脑运动程序记忆神经环路存在异常，影响了语言获得与发展。

5. 语言发育迟缓的矫治

对语言发育迟缓的矫治，可采用对话互动、创造自然情境和混合式方法三种治疗方法。

对话互动：对话互动是一种治疗师主导的方法，直接对语迟儿童进行干预。在矫治过程中，关注儿童认知、语言和社会活动，直接促进儿童在交流行为方面的进步。

创造自然情境：自然主义强调创造一个完整、自然的语言环境，重点关注成人的投入程度、儿童周边环境（如玩具）、成人与儿童交互的语言模式以及成人给予的反馈。这类方法充分考虑了儿童的兴趣在干预过程中的作用。

混合式方法：混合式方法是将对话互动和创造自然情境结合起来使用。这种方法的使用依赖于治疗师对三种治疗方法价值与效果的准确感知，以及对儿童具体需求的评估[32]。

在语迟儿童的干预中，选择一位合适的干预治疗师是关键。在传统矫治中，主要是语言病理学家提供直接的治疗服务。直接服务包括个人和小组形式，由言语治疗师向儿童提供专业的干预矫治。但这不包括向父母、照顾者或教育/医疗人员提供间接或教育服务。还有一种是父母实施的治疗，由父母对儿童实施言语干预训练，并辅以培训、指导和治疗师反馈。比较不同干预方式的结果表明，由父母或临床医生提供的治疗可以更有效地改善语迟儿童的沟通技巧[33]。所以，父母的参与对儿童语言发育迟缓的矫治发挥着重要作用。

有三种常见的语言干预方法被用于语迟儿童：一般语言刺激、重点语言刺激和环境教学。这些方法是通过词汇训练提高儿童语言表达能力。一般语言刺激包括建立一个丰富的语言环境，让儿童有机会听到高质量的成人语言，但没有明确的语言目标。重点语言刺激是针对儿童口语缺陷的某个特定方面开展的矫治。这种方法的第一步是确定特定的语言矫治目标，通过观察和专业口语测试，诊断儿童语言发育迟缓发生的问题所在，针对具体问题确定矫治目标。比如，一些儿童在特定词汇或者特定句法结构上存在困难，表现出口语发展迟缓。那么，言语治疗师或父母就需要针对这些问题开展重点训练。环境教学是一种更加结构化的矫治方法，涉及更多模型和语言提示的使用。

在强化式情境教学中，成人反应取决于儿童的表现。首先，父母需要观看大约2个小时的视频，了解如何进行这种训练项目，然后进行一段时间的家庭练习。在这些训练程序中，言语治疗师会提供一些特定的词汇给父母，然后鼓励他们在日常生活中使用这些词语，尤其是在孩子感兴趣的事情上。而且，有一定的数量要求，比如至少使用五次。举个例子，如果目标词是"孩子"，言语治疗师要求父母加入孩子玩玩具的活动，然后通过给标签、短评与拓展等方式，建立这个词的使用情景。比如，父母对着游戏场景说："孩子，是的，这个孩子正在睡觉。"孩子不需要复述这个词。接下来，要训练父母在不同使用情景中构建目标词的意义，一般采用举例的方式。父母持续引导孩子学习10个词语，然后在下一次开始之前进行复习。此外，如果孩子已经可以自发使用之前教的目标词，还可以让父母选择一些新的目标词。这些新增加的目标词，尽量确保孩子能够理解。还要注意，要鼓励孩子说话，以能够发出声音为开头，孩子在一周内至少要在三种情境中使用三次目标词。一项对英语儿童的研究发现，经过11周的训练，语迟儿童的语音加工能力得到了显著提高，拓展了语音长度和复杂度[34]。

在干预时间方面，训练时长是决定训练效果的重要因素。训练必须达到一定时间长度，才能形成累积效应，达到良好效果。以往经验告诉我们，对语迟儿童的训练，超过21周的训练效果最好，其次是10~20周，低于10周的训练效果最差。比较英语与汉语训练效果，发现汉语训练效果比英语更好[35]。

如何对语迟儿童进行治疗

这个案例的参与者是三名2~3岁的语迟儿童，言语治疗师对他们开展基于目标词的训练。训练开始前，他们接受了一系列语言、认知与脑功能检测，表明他们基本认知能力没有缺陷，智力发育正常，但口语发展存在中等程度的延迟。两名参与者被判定为表达性语言延迟，一名参与者被判定为表达性和理解性语言延迟。在医生的建议下，三个孩子报名进行了2个月的言语矫治训练。

第一步是确定需要训练的目标词。在前期测试中，收集了两个长度为15分钟的语音样本，其中一个是跟父母或其他抚养人的交谈，一个是跟言语治疗师的交谈。采用一定标准选出需要训练的目标词，包括父母报告的词语，这些词语孩子能够理解，但还不会说；还包括有一定语音结构的词语，比如语音结构为辅音-元音-辅音的词语。经过筛选，确定了14个训练目标词。

训练主要针对词汇表达能力，在游戏场景模式中进行。采用两种表达性词汇训练提升技术，分别是期待停顿和诱发产生。

在期待停顿治疗中，言语治疗师在呈现每个目标词发音后，停顿几秒钟，然后期待地看着孩子，引发他们说出这个词的冲动。比如，目标词是"藏"，言语治疗师会说"让我们藏起来"，说着，会把两辆玩具汽车放到玩具车库里面。然后，言语治疗师重复这个游戏动作，期待地看着孩子，等待几秒。当孩子说出"藏"时，言语治疗师会对孩子说"对了，就是汽车藏起来了"。如果孩子没有说出目标词，言语治疗师就会再次在一个短句中使用这个词，如"汽车藏起来了"，然后继续玩这个游戏，直到孩子说出目标词。

在诱发产生条件下，呈现每个目标词之后，直接提示孩子说出这个词（提示："你说"）。比如，目标词是"汽车"，言语治疗师首先说："噢，汽车在哪儿？"然后就移动玩具汽车到玩具车库里。然后，言语治疗师重复这个游戏动作，引导孩子说出目标词，并给予指导语："你说，噢，什么在哪儿。"如果孩子使用目标词回答，言语治疗师就会说"你说对了，是汽车"。如果孩子没有做出反应，言语治疗师就会再次在一个短句中使用这个词（例如："汽车在哪儿？"），继续游戏活动。

在每次的训练中，这两种模式交替出现。每种模式进行15分钟，然后切换成另一种模式，最后留出5~10分钟，检测孩子是否会主动说出目标词。在两种训练中，言语治疗师会给每个需要训练的目标词进行5次连续指导，引导孩子自发说出目标词。无论孩子是否正确说出目标词，言语治疗师都会把每个词说一遍。对于孩子的不同反应，言语治疗师会给予不同的反馈形式。当孩子正确说出目标词时，言语治疗师会给他们积极反馈，比如"很棒，就是这个词"。而当孩子说错或者没有反应时，言语治疗师自己主动说出目标词，例如"就是什么"。如果孩子在没有言语治疗师指导的情况下主动说出需要训练的目标词，言语治疗师就进行一些中性的反馈，例如说"哦，我知道了"或"是吗"。

经过2个月的训练，这三名儿童都基本学会了需要掌握的目标词，两种训练模式产生的训练效果基本相同[36]。这个案例告诉我们，对语迟儿童进行重点词汇的干预训练可以有效提高口语能力。这种方法简单易行，通过培训父母或其他抚养者，可以在家进行日常训练，帮助语迟儿童提升口语能力。

孩子说话晚与自闭症有什么关系

大家关心的一个问题是：语言发育迟缓是不是预示孩子可能存在严重发育障碍，例如自闭症。语言发育迟缓是自闭症谱系障碍的主要早期症状之一。据统计，有63%的自闭症儿童表现出语言缺陷，包括语言理解与语言产生的缺陷。对正常儿童而言，使用语言是为了与人进行对话，进行社会交往。而对自闭症儿童而言，使用语言是为了满足他们自己对环境的适应，表达需求或不满。部分自闭症儿童存在构音障碍，影响了他们的对话交流能力。社交缺陷与语言产生的缺陷并行发展，相互影响和强化。如果在12~18个月时，发现儿童语言发育迟缓与社会交往退缩共同存在，那么就要引起足够的重视。此外，在语言能力发展之前，自闭症儿童与正常儿童已经展现出交流方式的差异。在口语能力发展起来之前，手势动作是弥补口语交流不足的重要途径。但是，自闭症儿童不喜欢用具有符号意义的手势动作（比如用手指向感兴趣的物体）来弥补口语能力的不足。

语言理解能力的发展是在口语产生之后，与自闭症儿童社交缺陷关系更为密切。自闭症儿童常有的一种表现是：忽略他们听到的说话声，但这可能不是语言理解本身的障碍，而是他们对社会交往环境的主动隔离。这种对外界语音信息的忽视还可能与自闭症儿童注意缺陷有关。由于自闭症儿童缺乏共同注意的能力，无法很好地建立词汇与物体的联系，他们很难把注意力放到声音指代的物体上[37]。

脑成像研究发现，自闭症儿童双侧颞叶的激活不足，这可能导致他们语言能力发展不足。此外，自闭症儿童额下回在句子理解过程中也表现出激活不足。自闭症儿童可能由于左侧额下回与颞叶活动不足，更多依赖右侧脑区加工语言[38]。对自闭症儿童大脑结构的检测也发现，自闭症儿童左侧额下回显示出右侧化的趋势，这与大脑语言功能左侧化的趋势相反[39]。因此，自闭症儿童在大脑语言功能区确实表现出明显的结构与功能的异常。

需要注意的是，自闭症的核心缺陷是社交障碍，与语言发展障碍存在本质的不同。语言发展障碍与自闭症在发病机制、诊断与治疗方面都有自己的一套标准和规则。语言发展障碍主要表现在语音、语义与句法等语言层面，而自闭症儿童语言加工缺陷主要表现在语用层面，而不是基础的语言加工层面[37]。语用能力指在不同情境中适当地应用语言的能力，是处于最高层次的语言能力。因此，我们要区别对待自闭症儿童的语言缺陷与语言障碍（例如语言发育迟缓）。

四 孩子说谎话一定要纠正吗

谎话是一种特别的语言形式，是儿童早期出现的一种有趣的语言行为。对儿童说谎有深入研究的知名学者李康教授在一次演讲中提到一个有意思的例子。他的一个朋友是一位小学老师，一天，这位小学老师接到一个电话，对话内容如下。

小明：老师，你好，我的儿子小明今天生病了，他今天不去学校。
老师：请问你是谁？
小明：我是我爸爸。
……

小明不想去上学，他打电话给老师，想编一个谎言请假。但是，我们看得出来，他是不擅于说谎的"说谎者"。

我们再看一个有趣的学前儿童测试。

几个3～7岁不等的孩子被请进实验室。测试者展示了一些自己的照片，实际上，这些照片已经被处理过了，鼻子上被打上了大大的红色标记。测试者问这些孩子："照片里的我看起来正常吗？"结果，大部分孩子都告诉测试者，照片里的他看起来是正常的。但是走出实验室后，他们又告诉其他测试者，照片看起来不正常。

完成测试以后，测试者给这些参加测试的孩子发礼物。测试者故意发给这些孩子他们非常不想要的东西（比如肥皂），然后问他们是否喜欢这个礼物。大部分孩子都很自然地表示"我喜欢"，尽管从行为动作上看得出来他们明显不喜欢[40]。

从这两个故事可以看出来，年龄很小的孩子已经会说"谎言"了。但是，这种谎言并没有恶意，是为了照顾别人感受的"白色谎言"。

实际上，孩子成长到一定的阶段，都会出现说谎的现象。"谎话"不仅涉及与事实不符的程度，还涉及说话者的意图。也就是说，在判断说谎行为时，一定要把社会情境因素考虑在内。说谎行为是一种正常现象，是儿童认知能力发展的标志，也是一种社会交往的工具。

1. 儿童说谎的表现

儿童从什么时候开始说谎呢？这一问题尚无确定的答案。一般而言，3岁左右就会出现说谎行为。研究儿童说谎的常见方法是"抵制诱惑情境法"。研究者让3岁儿童进入房间，房间里放着儿童玩具，但是，要求他们不能偷玩玩具。房间里只有儿童一个人，让其感觉到这是一个"可以说谎"的环境。透过单向玻璃可以观察儿童真实行为表现。当儿童走出房间后，问其是否有偷玩玩具。从答案分析可以看出，不同测试报告的说谎比例不同，有的报告显示大约38%的儿童说了谎话，有的报告显示超过66%的儿童有说谎表现（他们说自己并没有玩玩具，但实际上玩了）。我国3~5岁儿童参与该测试时，有55%的3岁儿童说了谎，75%的4岁儿童说了谎。

但是，实验室观察到的说谎情况可能跟生活中的表现存在差异。尽管实验室中儿童独自一个人在房间，但实际上他们依然能感觉到自己的行为可能被观察。所以，他们的行为表现可能不是自然情况下的真实表现。为了了解儿童说谎话的真实情况，可以采用自然观察的方法。在家中安装录像设备，观察儿童在家庭环境中的说谎行为。比如，将一个玩具放到三个地方中的一个，然后提示儿童在大人来的时候欺骗大人。4岁以下的儿童还不能通过语言欺骗大人，4岁以上的儿童才能通过语言欺骗大人。

2. "谎话"的特征

人们在说谎时，语言会发生改变。说谎的过程中，需要抑制真实信息或想法，涉及大量的控制加工，人们需要对语言特征、面部表情与姿态等各个方面进行有效控制，让他们的谎言看起来更可信。

在语音层面，谎话的语调具有一些特有的形态，比如积极性的声调更多，呼吸与换气也有不同。在语法层面，说谎时会倾向于少说"我"这种第一人称的词语，这可能是由于撒谎者刻意回避"自己在撒谎"这一事实，但这存在文化差异。

3. 为什么要说谎

（1）认知能力发展——"心理理论"的发展

儿童说谎的前提条件是能够理解和区分自己和他人想法或心理状态的不同，这样才能通过语言来掩盖真相。随着年龄的增加，儿童"心理理论"发展起来，即个体对他人和自己心理状态及其与他人行为关系的推理或认知能力。心理理论在3岁开始发展起来，儿童能够理解他人看到的世界不同于自己看到的世界，能够理解想象客体不同于真实物体。4～5岁时，儿童能够认识到不同观察角度会让人对相同客体或事件有不同的解释，形成关于情境的错误信念，而人对情境的错误表征会导致错误行为[41]。当儿童具备了这种推断和理解他人心理过程的能力，才能用语言去故意误导别人的想法，达到"欺骗"的目的。所以，说谎是认知能力发展的结果。

（2）强化

强化也是儿童说谎的重要影响因素。在社会交往中，儿童偶然因为说谎而得到一个好处，就形成一次强化，增加了下次说谎的概率。

小小和童童是两个2岁多的孩子。一天，他们来到小公园沙坑里面玩，手上各自拿着自己的工具。他们的父母在旁边聊天。在玩的过程中，小小不小心把他手上的小铲子掉到了旁边的小洞里，他自己拿不出来，着急得哭了起来。这个时候，小小妈妈帮他把铲子拿了出来。童童妈妈因为在打电话，此时离开了，所以没有看到这个场景。童童回家后，说起了刚才小小哭的事情。童童妈妈无意间问了一句："是不是你帮他把铲子拿出来的呀？"童童看着妈妈期待的眼神，就说了谎话，说是他帮忙拿出来的。这个时候，童童妈妈开心地夸奖了童童，还买了一个冰激凌给他。

这个故事中，童童妈妈的奖励行为其实就是一种强化，当童童得到这个奖励以后，他体验到了获益，此后说谎话的行为可能会继续。

（3）说教

说教也是儿童说谎的一个原因。这种说教主要是源自父母，有时候可能是有意的，有时候可能是无意的。这种谎言大部分是"白色谎言"，也就是为了照顾他人的感受，在社会交往中采用的一种策略。父母为了让孩子更容易融入群体，或者得到他人的认可，会有意识地教孩子说出一些"适宜"的谎言，比如，对其他孩子或大人进行不切实际的夸奖。这种说教也提高了孩子后面再次说谎的概率。

（4）榜样教育

根据模仿学习理论，儿童行为通过观察榜样行为而形成。说谎这件事情也不例外。孩子的说谎行为，很多时候可能是从对父母行为的观察中习得。尤其是学龄前儿童，父母在家里出现说谎行为，如果被孩子观察到，很容易被模仿。

4. 儿童说谎怎么办

（1）正确认知，不要盲目焦虑

从前面的分析可以看出，随着儿童认知能力，尤其是心理理论的发展，以及社会交往的增加，自然会出现一些说谎行为。父母不必太过焦虑，或者只要发现就严厉苛责。要从谎言的意图分析，跟大人一样，孩子说谎可能也是"善意"的。同时，也不要担心孩子一旦开始说谎，就会形成习惯性说谎。实际上，随着儿童认知能力与道德意识等的发展，他们能够很好地监控自己的说谎行为。

（2）树立榜样

父母的榜样作用很重要。在与孩子沟通中，父母要注意不能随意说谎。有时候，父母觉得孩子很小，他们很容易"被骗"，便肆无忌惮地使用谎言。实际上，孩子在2岁多的时候已经具备识别谎言的能力，父母的谎言可能已经被孩子看穿了。所以，父母要时刻谨记自己的榜样作用。

（3）"视而不见"

儿童说谎很多时候是源自渴求奖赏或避免惩罚。对于那种因为渴求奖赏而说出的谎言，父母识别出来以后，也不必当面拆穿，加以训斥，可以采取一种"视而不见"的态度，知道孩子说的是谎言，故意忽略孩子的奖赏需求。这样，孩子的说谎行为得不到注意与强化，后期就会慢慢淡化。

总之，从儿童发展的角度来说，说谎实际上是儿童认知与社交能力发展的外在表现。如果发现孩子2岁多时出现了说谎行为，那就可以放心了，说明其心理理论发展正常。有时为了照顾他人的感受，孩子也会说出"白色谎言"，这是社会交往过程中形成的一种能力，是一种学习的结果。但是，识别儿童谎言其实是一个非常难的问题，有学者比较了父母对自己的孩子与别人的孩子说谎的识别能力，发现无论是自己的孩子还是别人的孩子，父母都很难有效识别。

五 兄弟姐妹对儿童语言能力的发展有影响吗

儿童早期语言能力发展受到家庭环境因素影响。其中，父母与孩子的语言交流是一个关键因素。研究发现，父母对孩子的说话方式会随环境改变而发生改变。比如，如果家庭成员是三个人（爸爸、妈妈和孩子），三人交流模式中，孩子是中心，父母都把注意力放到孩子身上。但如果家庭中不止有一个孩子，有了兄弟姐妹的出现，父母就需要把注意力分散到各个孩子身上。可以看出，家庭成员的数量会影响亲子语言交流的模式。那这种模式对儿童语言能力的发展有什么影响呢？随着社会经济的发展，国家生育政策的改变，我国拥有多个孩子的家庭会越来越多，家庭中孩子的数量对儿童语言能力发展的影响是一个非常值得关注的问题。

研究发现，兄弟姐妹的存在，确实会影响亲子交流模式。曾经有人做过这样的研究：当妈妈给孩子讲故事时，中间插入30个关于这个故事的问题，观察不同情况下孩子的反应。一种情况下，妈妈单独给二胎孩子讲故事。另一种情况下，一个哥哥或姐姐在旁边坐着同时听。年长孩子一般在年幼孩子之前对妈妈提出的问题进行反应，给出问题的答案。哥哥或姐姐在场时，妈妈对问题的描述减少，提供的线索与答案减少，对问题的重复和拓展减少，更多时候直接重复问题。同时，在年长孩子在场的情况下，年幼孩子给出的答案更少[42]。可以看出，如果有哥哥或姐姐的存在，亲子交流方式会发生明显改变。当哥哥或姐姐出现时，母亲与弟弟或妹妹的直接语言交流就减少了。此外，父母与年长孩子的交流时间明显多于父母与年幼孩子的交流时间。这么看来，二胎孩子可能处于完全不同的语言环境中。比如，二胎孩子听到父母语言的机会比头胎孩子少了，而且听到更多指向别人的语言信息。这种情况对二胎孩子来讲，可能是一种语言发展的劣势。

尽管二胎孩子听到父母直接对自己说的话减少了，他们无意中听到的父母与哥哥或姐姐的对话却增加了。而且，二胎孩子能够注意到这种间接的语言输入。父母对哥哥或姐姐说话的时候，他们的说话声音更长，很少使用指代自己的语言。这说明，二胎孩子无意中听到的父母与哥哥或姐姐的对话语言更加成熟与复杂，比头胎孩子听到父母直接对他们说的话更加复杂。总之，后出生的孩子实际上有一种补偿性的语言输入，来自父母与其他孩子的对话，这种复杂性的语言输入有利于后出生孩子语言能力的发展。

除了听到父母与哥哥或姐姐的对话能帮助二胎孩子学习语言，兄弟姐妹之间的语言沟通，即使是拌嘴与争论，也能帮助他们学习到一些新的词汇，比如人称代词。例如，有孩子会说："那是我的玩具，不是你的。"可以想象，如果家里只有一个孩子，很少会出现需要使用第一人称代词来指代自己的对话机会。

另外，二胎孩子经历多人对话的语言环境，而头胎孩子有更多时间处于双人对话环境中。对年幼孩子来说，大人与年长孩子的对话语言可能更有趣，更能吸引他们的持续性注意力。

总之，对儿童语言能力发展来说，最重要的影响因素是语言信息输入。而哥哥或姐姐的存在，实际上给后出生的孩子提供了丰富的语言刺激环境，有助于其语言能力的发展。

研究发现，在2岁左右时，头胎孩子和二胎孩子在语言能力发展的整体表现上并没有明显差异。所以父母不必担心，尽管自己与二胎或三胎孩子直接交流时间减少了，交流方式也可能发生改变，但是，由于孩子增加带来的语言环境改变对后出生孩子语言能力的发展起到了有力的支撑作用，后出生孩子语言能力的发展并不会受到明显的负面影响。

那么，家庭中年长孩子的存在是否对后出生孩子的外语学习造成影响呢？一项对16～30个月双语儿童的研究发现，如果有正在上学的哥哥或姐姐，孩子对外语的接触更多。这是因为，这些在学校学习了外语的哥哥姐姐会增加他们弟弟妹妹接触到外语的机会。而且，这种优势可以从22个月持续到30个月[43]。这表明，哥哥姐姐实际上提供了外语学习资源，有利于年幼孩子的外语学习。

 过多使用拼音输入法有损儿童阅读能力

在数字时代，电子设备的使用大大改变了我们的生活方式。手机已经成为大部分人的交流工具。在手机上输入文字信息时，大部分人会采用拼音输入的方式。这是一种输入较快、学习起来也比较容易的方法，成为手机输入的主流方法。但是，针对汉语儿童的大规模调查显示，过多使用拼音输入法，可能导致儿童阅读能力下降[44]。

这是为什么呢？近期的一项脑科学研究解开了这个谜团[45]。这项研究考察了10岁左右儿童使用拼音输入法对大脑功能和结构的影响。这些儿童分为两类：

一类经常使用拼音输入法（每天65分钟），一类很少使用拼音输入法（每天9分钟）。这些儿童参加了基于多项语言任务的功能磁共振扫描与脑结构扫描。

结果发现，那些大量使用拼音输入法的儿童，在阅读加工中，大脑左侧额中回、额下回与右侧梭状回的激活不足。同时，大量使用拼音输入法的儿童，左侧额中回的神经元体积也出现明显减小。左侧额中回是汉语阅读加工的核心脑功能区，负责形-音转换、形-义转换与字形存储等。

拼音输入法是通过语音解码的方式加工文字，缺少对字形信息的分解。而儿童在汉字学习过程中，是通过书写的方式建立字形和语音的连接，这种连接在大量使用拼音输入法的过程中就会被瓦解。右侧梭状回是汉字视觉-空间加工的脑区，大量使用拼音输入法导致儿童这个脑区的字形表征变得不稳定，影响文字识别。

在学龄前或小学低年级阶段，拼音是帮助儿童快速建立语音和字形关联的重要方式。但是，随着年级升高，儿童借助书写方式来巩固和发展对汉字的记忆，对语音的依赖程度就慢慢降低。如果这个时候还大量使用拼音输入，对字形的记忆巩固就会减弱。总之，从这项研究可以看出，儿童如果大量使用拼音输入法，会影响汉语阅读加工关键脑区的功能和结构的发展，造成儿童阅读能力发展滞后，甚至发展为阅读障碍。

参考文献

1. Ebbeck M, Yim H Y B, Chan Y, et al. Singaporean Parents' Views of Their Young Children's Access and Use of Technological Devices[J]. Early Childhood Education Journal, 2016, 44(2):127-134.
2. Rice M L, Huston A C, Truglio R, et al. Words from "Sesame Street": Learning vocabulary while viewing[J]. Developmental Psychology, 1990, 26(3):421-428.
3. Mayer R E, Fiorella L. Principles for reducing extraneous processing in multimedia learning: Coherence, signaling, redundancy, spatial contiguity, and temporal contiguity principles[M] // Mayer R E. The Cambridge handbook of multimedia learning. New York: Cambridge University Press, 2014: 279-315.
4. Wong K M, Samudra P G. L2 vocabulary learning from educational media: extending dual-coding theory to dual-language learners[J]. Computer Assisted Language Learning, 2019(1):1-23.
5. Jared D, Poh R P Y, Paivio A. L1 and L2 picture naming in Mandarin-English bilinguals: A test of Bilingual Dual Coding Theory[J]. Bilingualism: Language and Cognition, 2013, 16(2):383-396.
6. Sun H, Yin B. Multimedia Input and Bilingual Children's Language Learning[J].

Frontiers in Psychology, 2020, 11:1-11.

7. Gilakjani A P. The Significant Role of Multimedia in Motivating EFL Learners' Interest in English Language Learning[J]. International Journal of Modern Education and Computer Science, 2012, 4(4):57-66.

8. Van Den Heuvel M, Ma J, Borkhoff C M, et al. Mobile Media Device Use is Associated with Expressive Language Delay in 18-Month-Old Children[J]. Journal of Developmental and Behavioral Pediatrics, 2019, 40(2):99-104.

9. McArthur B A, Browne D, McDonald S, et al. Longitudinal Associations Between Screen Use and Reading in Preschool-Aged Children[J]. Pediatrics, 2021, 147(6):e2020011429-e2020011429.

10. Hutton J, Dudley J, Horowitz-Kraus T, et al. Associations Between Screen-Based Media Use and Brain White Matter Integrity in Preschool-Aged Children[J]. JAMA Pediatrics, 2019, 174(1):e193869-e193869.

11. Horowitz-Kraus T, Hutton J S. Brain connectivity in children is increased by the time they spend reading books and decreased by the length of exposure to screen-based media[J]. Acta Paediatrica, 2018, 107(4):685-693.

12. Horowitz-Kraus T, DiFrancesco M, Greenwood P, et al. Longer Screen Vs. Reading Time is Related to Greater Functional Connections Between the Salience Network and Executive Functions Regions in Children with Reading Difficulties Vs. Typical Readers[J]. Child Psychiatry and Human Development, 2021, 52(4):681-692.

13. Madigan S, McArthur B A, Anhorn C, et al. Associations Between Screen Use and Child Language Skills: A Systematic Review and Meta-analysis[J]. JAMA Pediatrics, 2020, 174(7):665-675.

14. Rescorla L. The Language Development Survey: a screening tool for delayed language in toddlers[J]. The Journal of Speech and Hearing Disorders, 1989, 54(4):587-599.

15. 谭霞灵．汉语沟通发展量表使用手册[M]．北京：北京大学医学出版社，2008.

16. Oller D K, Niyogi P, Gray S, et al. Automated vocal analysis of naturalistic recordings from children with autism, language delay, and typical development[J]. Proceedings of the National Academy of Sciences of the United States of America, 2010, 107(30):13354-13359.

17. 聂晶，孟仙，冉域辰，等．成都市16-24月龄儿童语言发育现状调查[J]．中国儿童保健杂志，2014，22（9）：982-984.

18. 邓成，陈昂，顾莉萍，等．中山市学龄前儿童语言发育异常及其影响因素调查[J]．海南医学，2016, 27（21）：3578-3583.

19. Wong A M Y, Kidd J C, Ho C S H, et al. Characterizing the Overlap Between SLI and Dyslexia in Chinese: The Role of Phonology and Beyond[J]. Scientific Studies of Reading, 2010, 14(1):30-57.

20. 孙杨杨．迟语儿幼儿期的语言发展形态：两年追踪研究[J]．语言文字应用，2019（2）：104-114.

21. Dale P S, Mcmillan A J, Hayiou-Thomas M E, et al. Illusory Recovery: Are Recovered Children With Early Language Delay at Continuing Elevated Risk?[J]. American Journal of Speech-Language Pathology, 2014, 23(3):437-447.
22. Reilly S, Wake M, Ukoumunne O C, et al. Predicting Language Outcomes at 4 Years of Age: Findings From Early Language in Victoria Study[J]. Pediatrics, 2010, 126(6):e1530-e1537.
23. Rice M L, Taylor C L, Zubrick S R. Language Outcomes of 7-Year-Old Children With or Without a History of Late Language Emergence at 24 Months[J]. Journal of Speech Language and Hearing Research, 2008, 51(2):394-407.
24. Armstrong R, Scott J G, Whitehouse A J O, et al. Late talkers and later language outcomes: Predicting the different language trajectories[J]. International journal of speech-language pathology, 2017, 19(3):237-250.
25. Mcbride-Chang C, Lam F, Lam C, et al. Word recognition and cognitive profiles of Chinese pre-school children at risk for dyslexia through language delay or familial history of dyslexia[J]. Journal of Child Psychology and Psychiatry, 2008, 49(2):211-218.
26. Chen Y, Tsao F M, Liu H M. Developmental changes in brain response to speech perception in late-talking children: A longitudinal MMR study[J]. Developmental Cognitive Neuroscience, 2016, 19:190-199.
27. Zubrick S R, Taylor C L, Rice M L, et al. Late Language Emergence at 24 Months: An Epidemiological Study of Prevalence, Predictors, and Covariates[J]. Journal of Speech, Language, and Hearing Research, 2007, 50(6):1562-1592.
28. Vigil D C, Hodges J, Klee T. Quantity and quality of parental language input to late-talking toddlers during play[J]. Child Language Teaching and Therapy, 2005, 21(2):107-122.
29. Desmarais C, Sylvestre A, Meyer F, et al. Systematic review of the literature on characteristics of late-talking toddlers[J]. International Journal of Language and Communication Disorders, 2008, 43(4):361-389.
30. Dollaghan C A, Campbell T F, Paradise J L, et al. Maternal Education and Measures of Early Speech and Language[J]. Journal of Speech, Language, and Hearing Research, 1999, 42(6):1432-1443.
31. Preston J L, Frost S J, Mencl W E, et al. Early and late talkers: school-age language, literacy and neurolinguistic differences[J]. Brain: A Journal of Neurology, 2010, 133(8):2185-2195.
32. Law J, Garrett Z, Nye C. Speech and language therapy interventions for children with primary speech and language delay or disorder[J]. Cochrane Database of Systematic Reviews, 2003, 3(3):CD004110.
33. DeVeney S L, Hagaman J L, Bjornsen A L. Parent-Implemented Versus Clinician-Directed Interventions for Late-Talking Toddlers: A Systematic Review of the Literature[J]. Communication Disorders Quarterly, 2017, 39(1):293-302.

34. Girolametto L, Pearce P S, Weitzman E. Effects of Lexical Intervention on the Phonology of Late Talkers[J]. Journal of Speech, Language, and Hearing Research, 1997, 40(2):338-348.

35. Zhang Z, Xu Q, Joshi R M. A Meta-analysis on the Effectiveness of Intervention in Children with Primary Speech and Language Delays/Disorders: Focusing on China and the United States[J]. Clinical Psychology and Psychotherapy, 2021, 28(3):585-605.

36. Deveney S L, Cress C J, Reid R. Comparison of Two Word Learning Techniques and the Effect of Neighborhood Density for Late Talkers[J]. Communication Disorders Quarterly, 2014, 35(3):133-145.

37. Mody M, Belliveau J W. Speech and Language Impairments in Autism: Insights from Behavior and Neuroimaging[J]. North American Journal of Medicine and Science, 2013, 5(3):157-161.

38. Boddaert N, Zilbovicius M. Functional neuroimaging and childhood autism[J]. Pediatric Radiology, 2002, 32(1):1-7.

39. De Fossé L, Hodge S M, Makris N, et al. Language-association cortex asymmetry in autism and specific language impairment[J]. Annals of Neurology, 2004, 56(6):757-766.

40. Talwar V, Lee K, Bala N, et al. Children's Conceptual Knowledge of Lying and Its Relation to Their Actual Behaviors: Implications for Court Competence Examinations[J]. Law and Human Behavior, 2002, 26(4):395-415.

41. 王益文，张文新. 3-6岁儿童"心理理论"的发展[J]. 心理发展与教育，2002，18（1）: 11-15.

42. Wellen C J. Effects of older siblings on the language young children hear and produce[J]. Journal of Speech and Hearing Disorders, 1985, 50(1):84-99.

43. Bridges K, Hoff E. Older sibling influences on the language environment and language development of toddlers in bilingual homes[J]. Applied Psycholinguistics, 2014, 35(2):225-241.

44. Tan L H, Xu M, Chang C Q, et al. China's language input system in the digital age affects children's reading development[J]. Proceedings of the National Academy of Sciences of the United States of America, 2013, 110(3):1119-1123.

45. Zhou W, Kwok V P Y, Su M, et al. Children's neurodevelopment of reading is affected by China's language input system in the information era[J]. NPJ Science of Learning, 2020, 5(1): 3-3.

Part 5

做互动性父母，学会和孩子有效沟通

> 语言学习由先天和环境两个方面共同决定，环境因素是儿童语言能力发展的重要支撑。儿童在社会互动过程中进行语言学习，是早期语言萌芽的关键。在婴幼儿时期，儿童接触的对象主要是父母。因此，亲子互动是支撑语言能力获得与发展的基石。比如，在亲子互动中，可以锻炼一项重要的认知能力——"共同注意"，这对儿童词汇的习得十分重要。

社会互动对语言学习十分重要，这一点在自闭症儿童身上体现得非常充分。语言是人际交流的工具和载体，自闭症儿童缺乏社会交往的动机和能力，因此表现出明显的语言障碍[1]。

从大脑层面来看，出生后的第一年，大脑神经突触有一个大量产生的过程。之后，随着能力的发展与环境的要求，神经元出现突触修剪，去掉不必要的神经突触结构，提高大脑效能。这个过程遵循用进废退的准则，那些得到足够环境刺激和重复练习的神经突触可以保留下来，继续生长。从这个角度分析，婴幼儿阶段的亲子交流实际上是一种重要的环境刺激，会影响儿童大脑发育，进而影响其语言能力和认知能力的发展。有研究发现，母子之间的互动质量与婴儿额叶脑电反应有关[2]，这表明亲子交流与额叶功能或结构的发育相关。额叶是语言能力发展的重要神经基础。

一 口语沟通

"三千万词汇鸿沟"

家庭环境对儿童语言能力与智力发展有显著影响，特别是对儿童早期发展有显著影响。一项著名的儿童教育研究发现，家庭经济水平比较低的儿童，他们在入学前，词汇量已经出现明显的落后，被称为"三千万词汇鸿沟"。这一概念来源于美国学者贝蒂·哈特（Betty Hart）和托德·R·里斯利（Todd R. Risley）两人所著 Meaningful Differences in the Everyday Experience of Young American Children 一书中。他们在20世纪80年代进行了一项长期追踪研究，帮助来自不同家庭背景（大学教授家庭与低收入普通工人家庭）的儿童进行词汇学习。他们发现，在短时间内帮助4岁儿童提高词汇量，达到一定的水平并不难。但是，很难让社会经济地位较低的儿童"加速"学习。这些儿童即使进步了，要保持这种进步"速度"也很难，到了小学，早期干预中获得的词汇进步也会消失殆尽。他们认为，之所以这种改变不能维持，是因为来自低收入家庭的儿童与来自高收入或专业人士家庭的儿童之间的词汇发展差异早在进入幼儿园之前就已经产生。于是，两位研究者进行了一项长期追踪研究：从孩子完全不会说话时开始到3岁整（36个月），观察儿童词汇发展轨迹。他们想知道，到底儿童进入幼儿园之前发生了什么，导致来自不同家庭背景的儿童在词汇学习上产生这样的"断层式"差异。这项研究招募了42个家庭，从孩子7～9个月开始跟踪研究。每个家庭至少跟踪2年半，一直到孩子36个月。每个月，研究者都在家庭内部拍摄1小时，记录孩子和父母的互动过程。42个家庭里，13个家庭是高社会经济地位背景，10个家庭是中等社会经济地位背景，13个家庭是低社会经济地位背景，6个是接受救济家庭。

研究发现，到儿童3岁时，发展差异已经在儿童与成人的日常对话、词汇发展和亲子互动方式等各个方面表现出来。而这些差异的产生，很大程度上受到父母自身语言风格和词汇使用的影响。比如，儿童每天使用词汇的86%～98%都与父母一致。不同收入人群之间，儿童词汇发展的差异，其实就是父母词汇差异的真实体现。在高社会经济地位家庭中，父母平均每小时和孩子交流的词汇量与孩子的词汇量分别是2153与1116，而在低社会经济地位家庭中，这两个数字分别是616和525。平均每小时，在高社会经济地位家庭中，父母和孩子说382个不同的词，孩子说297个不同的词；而在低社会经济地位家庭中，父母和孩子说167个不同的词，孩子说149个不同的词。根据两位研究者的计算，到孩子4岁时，高收入家庭儿童累计听到约4500万个词，工薪家庭儿童累计听到约2600万个词，低收入家庭儿童累计听到约1300万个词。这就是著名的"三千万词汇鸿沟"的来源。这个案例提示，家庭经济条件对孩子的语言能力发展至关重要。但是，家庭经济条件影响面非常广，家庭环境中的哪些因素会影响孩子的语言能力呢？父母自己的语言能力当然是最为重要的因素。在婴幼儿时期，孩子的语言环境很大程度上由父母决定。婴儿出生的时候，脑电活动与家庭经济条件并不相关，说明社会经济地位对大脑功能的影响是后天形成的[3]。科学研究发现，母亲口语的质量与孩子掌握的表达性词汇的数量密切相关[4]。同样地，9个月的孩子对语音的辨别能力与家庭语言环境相关[5]。

　　父母的词汇使用量是影响孩子语言能力发展的重要因素。语言输入是家庭经济条件与大脑发育的纽带，影响了语言能力的发展。这种影响是如何发生的，通过什么途径影响呢？脑科学研究提供了更为直接的解释。一项研究考察了家庭经济条件、家庭中语言输入量、孩子阅读能力与孩子大脑结构四者之间的关系。家庭经济条件不同的94名5~9岁儿童参与了该项研究。语言输入量通过监测父母连续2天、每天8个小时的说话信息获得，包括词语数量、孩子说话信息及孩子与父母对话信息。结果发现，成人语言输入量与成人–儿童对话都与大脑左侧裂周区相关。左外侧裂周区，包括左侧颞上回，是负责语言产生与理解的重要大脑中枢[6]。而且，语言输入量调节了父母教育水平与脑结构的关系。值得注意的是，孩子自己的说话量与大脑结构并不相关，说明父母语言输入量的影响超过了孩子自己语言行为本身的影响[7]。

　　麻省理工学院的一项脑科学研究还发现，父母与孩子的对话与儿童大脑语言中枢的功能活动密切相关。36名4~6岁儿童与他们的父母参与了该项研究。首先，研究者记录了这些家庭周末（周六与周日）孩子与父母的对话，包括父母话语中词语数量、孩子话语中词语数量以及父母与孩子对话数量（孩子与父母交替说话，中间暂停不超过5秒）。然后，孩子完成了一系列语言与非语言测试。孩子们还参与了大脑功能扫描，测量了听故事时的大脑活动情况。有意思的是，研究发现，儿童左侧额下回的布洛卡区活动与大人、儿童单独说话的数量并没有直接关系，而是与交流过程中说话转换的次数相关。布洛卡区是语言能力发展的核心脑区，孩子跟父母交流越多，这个脑区的活动越强。这说明，孩子与父母之间的对话交流对孩子大脑语言功能区的发育至关重要。与父母对话时，孩子得到更多的语言相关技能的练习。同时，孩子也能够获得父母及时的反馈，这种反馈能够帮助孩子不断优化自己的语言技能。通过对话与反馈，父母可以采用更适合孩子理解水平的语言与孩子进行交流[8]。

  神奇的"父母语"

在儿童早期语言环境中，"父母语"（parentese，也译为"儿语"）扮演着重要角色。这是一种特别的语言形式，具有声调高、频率低与韵律性强等特点。父母语的语音单元被放大了，这样可以使每个声音之间的间隔增大。元音构音功能增强，这样"紧绷"的声音可以突出不同元音的特征。同时，父母语伴随表情的变化，比如脸部表情被放大，这样可以更好地传递积极的情绪，让声音听起来"更快乐"[9]。这种简化的语言形式可以让儿童更容易注意到，有助于语音辨别，也有助于孩子对语言信息的理解与学习[10]。在不同文化背景下，父母语具有比较一致的风格。

父母语的使用对孩子语言能力的发展起着重要作用。给不同年龄段的婴儿（6~8个月和10~12个月）听妈妈的声音，一种是对婴儿说的话（父母语），另一种是妈妈对其他成年人说的话。结果发现只有父母语的语音清晰性对婴儿语音知觉能力有影响。而且，这种影响与经济文化水平无关。那么，为什么父母语有这种特殊的作用呢？当妈妈声音的区分度增加的时候，孩子的注意力更容易被吸引到这种更加适宜的声音刺激上来，帮助他们学习语言中比较细微的声音特征，最终帮助孩子辨别不同的语音。在6~12个月时，孩子对母语语音特征的知觉能力变得越来越有特异性[11]。在这个阶段，孩子的音位（区分不同声音的最小单位）学习能力非常强大，即使是第一次听到一种外语的语音，他们也能很快地辨别出来。

那么，身为父母，特别是缺乏经验的年轻父母，如果缺乏使用父母语的天分，能通过训练提高这种能力吗？答案是肯定的。一项研究发现，通过一种"父母语训练"的项目，有效提高了6~18个月孩子的语言能力。在这个项目中，在孩子6个月、10个月和14个月的时候，对孩子父母进行了专门的父母语使用训练，然后记录孩子6~18个月这个阶段孩子与父母的语言互动。"父母语训练"包括以下内容。

1. 语言训练师根据家庭录音对父母与孩子的说话方式进行指导，包括语言量、说话风格和亲子对话方式等。

2. 语言训练师提供一些好的"父母语"例子。比如，播放一些父母提供的录音，指出这些录音中哪些是"父母语"和亲子对话比较好的例子。要求父母首先确定哪些是需要干预的亲子沟通行为，父母与语言训练师讨论为什么这些行为有助于孩子语言能力的发展，以及如何促进孩子语言能力的发展。

3. 语言训练师使用一些对话情境图片，图片中包含了一些日常活动，这些活动是与父母讨论过的、适合孩子年龄特征的活动，鼓励父母在相似的情境下与孩子进行语言互动。

4. 语言训练师与父母讨论孩子下一个预期的语言"里程碑"（即咿呀学语、开始说字词、词组等），以及如何促进孩子达到这些里程碑。

经过24天的训练（每天45分钟），父母使用父母语与孩子交互的能力得到显著提升。具体而言，孩子14~18个月时，受过训练的父母在语言转换和发声方面都有明显提升。这些参加训练家庭的孩子，他们产生单词，比如"香蕉"或

"牛奶"等的频率,几乎是没有参加训练家庭孩子的2倍。参加训练家庭的孩子在18个月时的词汇量可达到100个左右,而没有参加训练家庭孩子的词汇量只有60个[12]。这种"父母语训练"的指导帮助父母提升了对父母语的认知与敏感性,有助于他们在生活中更多地使用。

使用父母语交流的另一个作用是提供社会交往的反馈信息。早期语言学习依赖婴儿对社会的兴趣,他们进行语言交流的意图,以及对通过模仿参与成人间对话的渴望,是学习语言的原始动力。在平常生活中,也经常能观察到这种现象。婴儿尽管还不能说话,但是他们总是以一种非常积极的"咿呀"的方式试图参与谈话。父母语的声音特征及父母的脸部表情是非常理想的社会反馈信号,可以有效激活孩子学习语言的大脑系统,促进语言能力的获得与发展。孩子大脑语言功能区在出生的时候就具有了语言功能。在2003年,意大利脑科学家就发现,刚刚出生3～5天的新生儿,大脑左侧颞叶在听到人类语音时有特别的反应。这表明,在出生后不久,孩子大脑就对人类语音具有辨别能力[13]。

语言输入质量对儿童早期语言能力发展起着至关重要的作用。在语音方面,那些高频、短促、富有变化的声音特征更能引起孩子的注意与兴趣[14-15],更有助于他们词汇量的增加。而父母语的使用是提高孩子语言输入质量的一种非常有效的方式。

 **多动手,孩子语言能力也能提高**

使用工具是人类进化而来的一种重要能力。这种能力不仅涉及感知运动加工,与人类认知能力也有联系。使用工具需要整合外部的工具(比如锤子),并纳入人体运动系统,合成一个运动模式。这个过程形成了一种多层级的运动计划结构,改变了运动与其他认知系统的关系。而复杂的层级关系模式在人类语言加工中也广泛存在。比如,语法加工就涉及这种复杂的层级组织模式。因此,有科学家假设:使用工具与语言加工(语法加工)可能存在共享的加工机制,可以相互促进。

一项发表在权威科学期刊 *Science* 上的研究证实了这种关系[16]。采用功能磁共振技术，研究者比较了使用工具（使用一个30厘米的锤子）与语法加工的大脑激活模式。结果发现，一个叫基底节的脑结构同时参与完成这两项任务。基底节是控制人类运动与程序记忆的脑区，在使用工具和语法加工中都起着重要作用。

另一个有趣的问题是：如果两种加工存在共同的大脑机制，那么，训练一种能力，训练效果能否迁移到另外一种能力上呢？为此，研究者开展了对训练的研究，让一些参与者进行了30分钟的使用锤子的训练（用锤子夹起钉子，并把钉子移动到不同的位置），之后完成一项句法理解任务。结果发现，使用工具的训练能够有效提高语法加工能力。同样，反过来的情况也成立：对复杂结构句子理解的练习，也能够提升使用工具的运动表现。

可以看出，使用工具能力与语言能力相互联系，使用工具可以刺激使用工具与语法加工共同的大脑神经网络，从而提升语言能力。因此，在家庭和学校中，可以鼓励孩子多参与一些使用工具的动手活动，这不仅对孩子精细运动发展有利，对孩子语言能力的发展也有促进作用。

重视亲子阅读

早期阅读能力的萌芽对儿童阅读能力的发展与学业成绩都具有十分重要的意义。在孩子3岁左右，就可以进行一些亲子阅读，这不仅能为孩子未来的语言与认知能力发展打下基础，也能有效地刺激大脑发展，为孩子终身发展打下"脑基础"。绘本是早期亲子阅读的主要阅读材料，是一种以丰富多彩的图画和文字讲述故事的书籍。绘本阅读具有趣味性，是启发孩子认识外部世界，增强自身认知能力的途径。好的绘本倾向于呈现一个物体或事件的关键特征，而不是细节或简单描述，用简单线条画呈现。很多物体通常会重复出现，变化小，有利于帮助孩子建立词语所描述的概念。

绘本呈现方式与现实生活场景不同（比如具体动作和情绪），孩子可以完全按照自己喜欢或适应的节奏去不断翻看，并复述看到的绘本故事。绘本的图片为理解复杂概念提供了支持，孩子可以通过绘本的图片思考故事的意义、原因、角色意图及观点等。大量研究发现，相比于其他活动，比如玩耍或吃饭，在亲子阅读活动中，母亲会更频繁地说出物体名称，提供给孩子更多持续性的信息反馈，这些对孩子语言能力的发展非常有帮助。母亲的声音对孩子来说是熟悉和舒适的外部刺激，如果每天晚上读书给孩子听，可以建立一个平静和稳定的睡眠程序，使孩子形成良好的睡眠习惯。最重要的是，亲子阅读中，父母和孩子一起做他们都喜欢的事情，营造更和谐的家庭氛围，对孩子身心健康发展十分有益。这种获益可以持续多年。因此，美国儿科学会建议：儿童要尽早开展绘本阅读。

1. 绘本阅读促进儿童全面发展

（1）提高孩子的语言能力

对婴幼儿来说，早期语言能力发展的核心任务是增加词汇量。父母给孩子读绘本的过程中，孩子可以接触到日常交流中不经常听到的新词汇，这有助于孩子词汇量的扩大。研究发现，婴儿理解和产生单词的数量，与他们听到父母读书时输出的词语数量相关[17]。此外，父母在给孩子解释绘本中出现的词语时，无形中就教给孩子一些新词汇。孩子可以通过阅读绘本来理解一些抽象词语，如"快乐"和"痛苦"。而这些词如果只靠语言解释，孩子是很难理解的。阅读绘本的这种优势在孩子2岁时就很明显，绘本阅读经验越多，孩子能理解并产生更多的词汇[18]。

除了接触文字的好处，还有证据表明，婴儿可以从绘本中学习特定的知识。孩子的这种学习可能在出生前就可以开始。研究人员要求怀孕7个月的女性每天给她们的孩子读《戴帽子的猫》两次，直到她们的妊娠期结束。这些孩子出生后更喜欢听《戴帽子的猫》而不是其他故事[19]。实际上，孩子并没有学习故事中的单词，只是熟悉了声音节奏而做出反应。孩子在1岁后，马上开始从故事中学习特定的词汇。当15～18个月的孩子在读绘本的过程中听到一个新的名词，他们能够将这个新名词与真实物体相联系，甚至转移到物体图画上[20]。

绘本阅读不仅可以增加儿童的词汇量，还可以提高儿童的口语表达能力。绘本呈现内容的形式非常独特，其幽默、有趣与生动的画面很容易引起儿童的好奇心，增强他们的兴趣，促使他们持续性地进行阅读，培养良好的阅读习惯。

（2）教会孩子一些复杂概念

绘本中的故事容易给孩子留下深刻印象，引发他们的思考。通过阅读绘本，孩子可以学习一些知识，明白什么是对的，什么是错的，或者什么可以做，什么不可以做。一本简短的绘本甚至可以教给孩子一些高深的科学知识。例如，3～4岁的孩子看了关于动物"伪装"的故事，了解到这种伪装如何帮助动物躲避危险。在后续真实场景的测试中，孩子能够推断出棕色伪装的蜥蜴能藏起来，而颜色鲜艳的动物则更有可能被吃掉。这表明年幼儿童可以从绘本中学习到"伪装"这类复杂的概念，还可以把知识应用到真实场景中[21]。5～6岁的孩子甚至可以通过绘本学习"进化"这种复杂概念[22]。与传统教育观念不同，年龄很小的孩子其实已经具备理解高深、复杂概念的能力。对于低年龄段儿童而言，采用绘本这种比较生动活泼的教学媒介，不仅可以理解概念，还可以应用这种复杂概念去认识世界。

绘本阅读还可以帮助儿童学习新的动作技能。例如，给18～30个月大的孩子看绘本，绘本中演示了如何把几个物体放在一起组成一个新的物体。在看完绘本后，孩子能够学会如何成功地组装一个拨浪鼓的几个部分，并模仿特定的动作。这表明，在2岁之前，孩子可以从简短绘本中学习动作技能[23]。

（3）促进孩子情绪与社会性发展

绘本阅读对儿童情绪和社会性发展也起到促进作用。对5岁儿童的调查发现，母亲选择绘本的能力与孩子的社会情绪能力关系密切[24]。在为孩子选择书籍方面表现出更多专业性的母亲，倾向于选择呈现更多情绪和社会关系的书籍。专家们认为，专业知识丰富的母亲会选择那些人物关系更具有说服力的书籍，使孩子能够认同故事内容。母亲对此类书籍的偏好可能与她们在亲子阅读时与孩子对话的性质有关。有些书籍可能更能引起社会情感的讨论，并刺激孩子的情感反应。共读与讨论这些问题，有助于儿童同理心和社会行为的发展[25]。

需要注意的是，尽管绘本阅读有诸多优点，但并不是所有儿童都能从中获益。由于家庭经济状况的限制，一部分孩子并不能获得绘本阅读带来的好处。此外，由于部分抚养者缺乏经验和指导，他们只是把绘本内容简单复述给孩子听，这种阅读方式对孩子语言能力发展的促进效果有限。如果没有良好的阅读环境，绘本阅读的作用也难以发挥出来。

2. 影响亲子阅读质量的关键因素

（1）图书类型

图书类型对儿童阅读会产生明显影响，不同类型的图书会引发父母不同的行为，从而影响阅读效果。比如，典型故事书（图+文字）与无字故事书（图）就会引发不同的互动行为。在典型图文故事书阅读中，父母会更依赖文字，使得与孩子的交流更充分。而无字故事书缺乏文字的说明，父母在讲述的过程中会有更多的文字描述，有更多超越文本的延伸和扩展，以及对书中人物关系的描述。脱离文字后，父母可能更需要重构故事内容，让阅读变得更加灵活和富有创造性。

（2）孩子年龄

父母需要根据孩子年龄匹配阅读内容和类型。随着孩子年龄的增加，认知与理解能力的提高，他们慢慢接触多种类型的图书。比如，在低年龄段，他们接触更多的是叙事类书籍，而到了高年龄段，增加了一些说明类书籍。与叙事类书籍相比，父母会在说明类书籍阅读中采用更多的教学策略，让孩子更多地参与进来。在说明类书籍阅读中，父母会更多采用提问、命名的方式来积极回应孩子的反应，而在叙事类书籍阅读中，父母更多采用描述的方式。事实上，父母会根据孩子年龄调整图书的类型，增加图书内容的丰富程度。

（3）性别差异

父母的性别差异在亲子阅读过程中表现得非常明显。在亲子阅读过程中，父亲在认知延伸方面比母亲做得更好，而母亲在鼓励孩子互动方面比父亲做得更好，更多使用支持性的语言和语调。父亲更多地跟孩子一起讨论故事之外的相关内容，而母亲似乎更愿意"就事论事"，只解释故事本身的内容。另外，母亲更多地与孩子讨论日常生活中的事件，而父亲更多关注完成讲故事这个任务。

此外，孩子的性别也对亲子阅读产生明显影响。比如，对于女孩，母亲对她们阅读成绩的期望与提供阅读材料的质量呈正相关，而这一关系在男孩中却没有表现出来。对于男孩，母亲认为阅读趣味性更为重要，需要在亲子阅读中提高他们的阅读兴趣。而且，母亲在亲子阅读过程中对女孩的提问更多，却很少给男孩提出一些开放式、讨论性的问题。

（4）互动模式

亲子阅读过程中还呈现出异性互动的模式，即父亲为女儿提供更多引导性的指导，而母亲则更多为儿子提供引导。在读写能力方面，由于父亲给儿子的引导少于母亲，儿子给父亲的反馈也少于母亲，他们更愿意与母亲一起探讨自己在阅读方面的体验。在分享活动方面，母亲和儿子的互动更多，父亲与女儿的互动更多。父亲更多地将女儿与故事联系起来，而面对儿子，父亲选择连贯不间断读完故事，完成任务即可。

（5）呈现方式

内容呈现方式不同，阅读效果不同。移动电子设备提供了更为丰富的阅读呈现方式，但是，这种电子动画的呈现方式对亲子阅读的投入度、理解度和认知加工起干扰作用。相对于传统纸质书，电子书不仅降低了对内容的注意程度，还降低了对内容的理解深度。在读纸质书时，父母会问更多与书本内容相关的问题，而在读电子书时，父母和孩子都更多使用行为动作的反应[26]。

这是为什么呢？这与不同呈现方式在大脑中的加工模式有关。仅以电子动画方式呈现故事内容时，视觉信息非常丰富，视觉加工脑网络过度活动，导致视觉与语言、想象等高级认知加工的连接不足，从而降低了语言理解加工的深度。此外，在动画呈现时，小脑网络活动减少，小脑参与度不足。而以"图像+声音"的方式呈现绘本内容时，视觉神经网络与其他认知加工网络的连接更强，表明这种方式可以提高视觉识别与其他认知加工的整合，有力地支撑了儿童绘本阅读加工的认知需求。这样可以帮助儿童更好地形成对故事的视觉想象，也能够降低与语言相关的脑功能网络的负担[27]。因此，在学龄前阶段，绘本的呈现方式最好是声音与图示相结合，这样既能让孩子形成良好的视觉想象，也能降低其语言加工的负担，使孩子更加深入、全面地理解故事情节[28]。

3. 亲子阅读的大脑机制

一项科学研究观测了22名4岁女孩听故事过程中的大脑活动情况，这些女孩都来自低社会经济地位的家庭。同时，研究者通过录像观察了母女绘本阅读过程中的情况，主要关注阅读过程中的互动性和参与性。结果发现，这些孩子分享阅读的质量普遍偏低，这与她们的母亲使用智能手机分心程度有关。大脑功能分析发现，亲子阅读分享的质量与儿童左侧颞极、左侧前部岛叶这两个脑区的活动相关。作为语义网络的一个节点，左侧颞极负责内部和外部多感官刺激与语言的整合等功能，在语义记忆（概念和事实）中也发挥着关键作用。左侧岛叶是大脑突显网络的重要节点，与外界刺激的重要性和显著性有关，负责把注意力转换到不同刺激中去，同时受到情绪和情境记忆因素的影响。可以看出，有更多互动与共享阅读经验的儿童，他们更可能把阅读的故事与自己的生活联系起来，更可能与一起阅读的父母形成更强的社会情感联系。

小脑是一个负责运动与协调等活动的脑区。实际上，脑科学研究发现，小脑在阅读等高级认知加工中也起着重要作用。研究发现，亲子绘本阅读过程中，投入度越高，右侧小脑的激活越强，而且小脑与语言和执行功能脑区的连接也越强[29]。有科学家认为，小脑在绘本阅读中可能起到一种"增强"作用，可以帮助孩子在早期文字识别过程中，同步进行相关的认知加工。

4. 如何进行亲子阅读

（1）绘本选择

绘本选择首先要考虑孩子的年龄。在不同发展阶段，孩子认知能力的发展具有一定的局限性，对绘本内容的理解会受到认知能力发展阶段的约束。比如，根据皮亚杰的认知发展阶段理论，0~3岁儿童处于感知运动发展阶段。这个阶段的孩子，主要以感觉和运动等直接方式认识世界。因此，在这个阶段，不适合给孩子提供需要逻辑推理和抽象思维加工的绘本，而要选择图案色彩比较鲜活的绘本，主题要与他们日常生活中的具体事件有密切联系，这样才能更好地吸引他们的注意力，培养阅读兴趣。而6岁以上的儿童，认知能力发展到一个新的阶段，开始具备初步的抽象逻辑思维。这个时候，可以适当减少彩色图案类型的绘本，增加一些涉及简单逻辑的绘本。这样的绘本对孩子的认知能力形成一定的挑战，可以激发他们积极思考的热情，对认知能力提升有帮助。

（2）高质量的父母参与

在亲子阅读的过程中，父母的参与非常重要。需要强调的是，这里需要的是高质量的参与，而不是父母只是坐在旁边玩自己的手机，或者像完成任务一样，快速给孩子读完书的内容。如果父母以一种消极被动的方式参与，孩子与父母在亲子阅读中缺乏交流，那么亲子阅读的好处难以在孩子身上体现出来。

一项研究就关注了亲子阅读中父母与孩子的互动过程，考察父母有没有提供足够有意义的线索，帮助孩子学习与理解书本上出现的词汇的意义。结果发现，在亲子阅读过程中，父母语音信息中的意义线索与孩子4岁半时的词汇量有非常密切的关系[30]，但父母提供的这种有效线索信息并不多。这说明，儿童通过共读或亲子交流学习新的词汇时，父母提供的有意义的线索起着重要作用，但是大多数父母做得不是很好。

对话共读

1988年，著名教育心理学家维果茨基（Lev Vygotsky）提出，儿童认知与语言能力的提升来自合作、结构性交流以及采用儿童水平的声调语言。在此过程中，父母需要跟随儿童注视点，提供适宜的刺激，增强儿童对外部环境的感知。对话共读技术就是基于这个原则提出的一种方法[31]。这种技术与简单给孩子读绘本不同，注重亲子交互质量和激励性行为。比如设置开放性问题，这种问题超出了书本内容本身，对孩子的参与给予及时的鼓励。这种技术同时也包括了大人大量指认和命名孩子关注的物体，帮助孩子建立感兴趣的物体和名称之间的联系。这种交互式的共享阅读促使大人进行"去背景化的交谈"，也就是大人和孩子之间的交流超脱绘本内容，给孩子传递一些新的概念[32]。

对话共读干预一般包括多个训练单元，父母要学习如何更有效地分享绘本。在此过程中，父母可以使用激发策略引发儿童的言语反应。比如，提出更多的开放性问题。父母也会得到如何进行反馈的指导。训练项目提供许多辅助材料，包括总结性表格以及绘本等。通常有5种不同提问方式。

1. 完成式（儿童把大人的话补充完整）
2. 回忆式（要求儿童回忆故事中的内容）
3. 开放式（儿童用自己的语言描述）
4. 特殊疑问式（提问"什么""在哪里"等）
5. 远离式（故事中的内容与现实生活相结合）

这种训练程序在社区、幼儿园和家里都可以得到应用。主要应用场景是临床治疗场所或儿科诊所。在儿童抚养场景中引入对话共读干预程序，主要是为了在孩子成长的早期阶段培养父母形成共享阅读的习惯。一般而言，这种训练是让父母或训练者给年幼的孩子读出绘本的内容。这样可以给父母一个机会，让他们在共读中得到及时指导。其中一种方式是使用"视频交互程序"，这种方式是通过视频记录母亲给孩子读故事的过程，同时，提供一种建构性的反馈和材料，让他们能够将这种活动在家里持续进行下去。这种训练方式能够有效提升孩子表达和接收的词汇量，同时增加共读的频率和大人的愉悦感。

对话共读干预方式通常以小组进行，由主持人指导父母学习关键的课程和原则。近来，研究人员已经尝试了一些替代形式，其中受到广泛关注的一种方式是：不需要主持人，完全通过视频进行干预。使用视频的好处是成本低、效益高，而且干预措施的实施具有一致性。

四 不要忽视亲子互动中手势的作用

手势在交流过程中也可以传递信息。具身认知理论认为，身体动作在认知过程中发挥着重要作用，它能够将心理表征外化，提升有限的认知能力。根据手势来源的不同，可以分为生成性手势与观察性手势。根据手势意图的不同，可以分为社会互动手势、行为规范手势和联合注意手势。根据手势内容的不同，可以分为标志性手势、指向性手势、节奏性手势和隐喻性手势[33]。

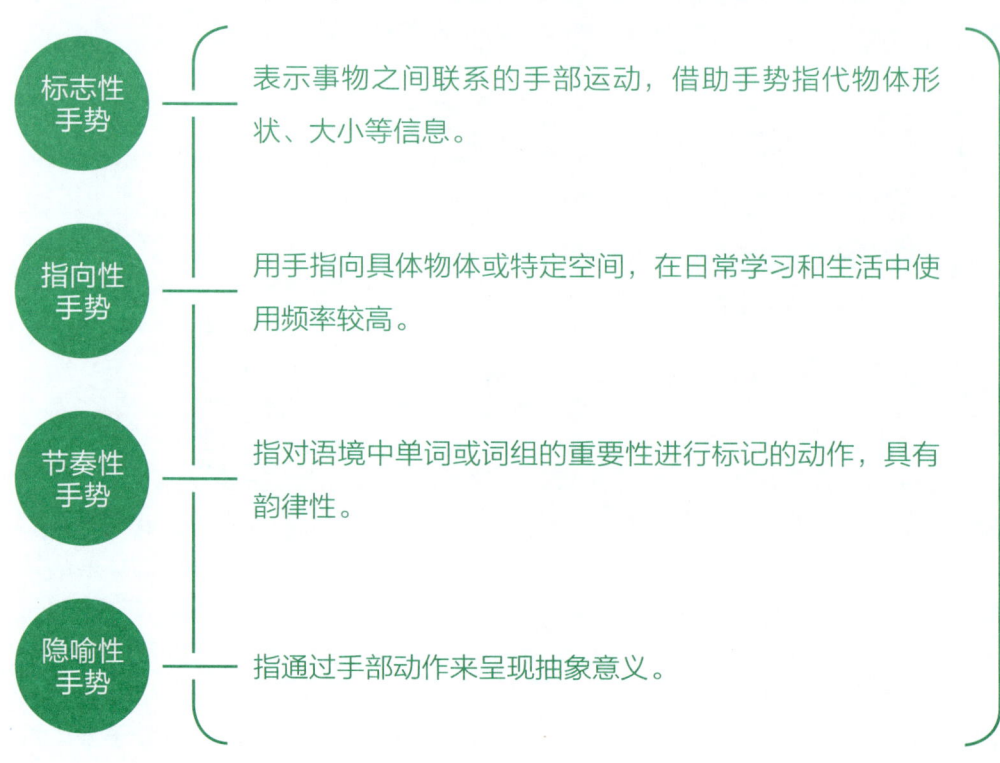

标志性手势 —— 表示事物之间联系的手部运动，借助手势指代物体形状、大小等信息。

指向性手势 —— 用手指向具体物体或特定空间，在日常学习和生活中使用频率较高。

节奏性手势 —— 指对语境中单词或词组的重要性进行标记的动作，具有韵律性。

隐喻性手势 —— 指通过手部动作来呈现抽象意义。

语言与手势存在共同的内在认知加工机制。比如，二者都是采用符号的形式去表征事物或动作。手势对儿童语言学习的影响主要表现在三个方面：词汇学习、语言理解与语言表达[34]。对语言和手势关系的认识，首先来自语言发育迟缓儿童的研究报道。研究发现，语言发育迟缓儿童在使用手势进行交流方面存在明显问题[35]。但是，也有研究报道，说话晚的儿童比正常同龄儿童更多地使用手势进行交流。这可能是因为，说话晚的儿童语言表达能力差，需要采用手势补偿语言能力的不足。不管怎样，语言障碍儿童有使用手势进行交流的表现，说明手势语在他们语言发展中起着一定的作用。

为了探究手势语与儿童语言之间的实质关系，学者们做了大量研究。在一项权威科学研究中，研究者发现父母手势使用对孩子的词汇量具有显著的影响[36]。研究者采用视频记录的方式，采集了来自50个家庭的14个月大孩子的日常生活数据，包括孩子与父母之间的互动，视频时长为90分钟。然后，研究者分析了视频中孩子与父母交流过程中语言和手势使用的数量。以往有研究发现，手势语的类型，而不是使用的数量，与孩子的词汇量更为相关[37]。因此，研究者还分析了父母手势语的类型。结果发现，在1.5小时内，14个月大的孩子平均产生20.6种手势语，而父母使用39.3种手势语。另外，研究者还统计了词语类型，词语类型是通过词根来定义的，不同词根代表了不同类型的词语。重要的是，孩子和父母使用的手势类型与使用的词语类型明显相关。在儿童早期发展阶段，孩子和父母使用的词语类型没有差异。这说明，孩子的手势使用受到父母的影响，二者这种手势的使用会影响孩子的词汇学习。

研究者还发现，手势使用受到家庭经济条件的影响，高经济收入的家庭使用更多。家庭经济条件与孩子词汇量的关系受到手势使用的调节。换句话说，家庭经济条件差异导致孩子词汇量的差异，可能是通过父母手势使用这一中介桥梁起作用。所以，要减少家庭经济条件对孩子词汇量带来的负面影响，可以通过增加手势语的数量与质量的方式，斩断家庭经济条件与孩子词汇量之间的影响链。手势语可能通过一种间接方式促进词语的获得。比如，当一个孩子指向某个玩偶时，母亲可能会说："是的，那是一个玩偶。"这就帮助孩子注意到这个物体，并提供一个词语标签。通过这种"标记"的方式，父母会把孩子手势中代表的词语展示出来，慢慢会变成孩子掌握的词语。这是一种词语学习的方式。此外，还有一种直接的手势使用方式。比如，在孩子难以用口语说出某个词语时，让他们练习使用手势来表达特定的意义。

一般来说，孩子从10个月大才开始使用手势。但是，即使在这之前孩子自己不会使用手势，他们早已能够理解大人手势的意义。那些家庭经济条件较好的孩子得到了更多手势的训练，更有可能自己使用手势，手势使用的增加反过来促进其口语词汇量的增长。所以，在育儿的过程中，要把手势大量用起来。

互动语言游戏

词语游戏。 词语游戏的目的是通过游戏扩大孩子的词汇量。这个游戏很简单，在家里、郊外或旅途等生活场景中，指出一个事物，然后进行描述，描述中有一个需要学习的词语。例如，大人说道："高大的建筑物也被称为摩天大楼"，然后指出"摩天大楼"这个需要学习的词语。父母甚至可以给出自己的定义，或者分享关于这个词语的背景信息。让孩子理解词语的内在含义，然后让孩子找出具体事物来对应这个词语。这种游戏像拼字游戏或猜字游戏一样，都能扩大孩子的词汇量，提升沟通技巧。

笑话。 讲一些适龄的双关语，有助于培养儿童的幽默感和创造力。可以阅读适合儿童的笑话书，轮流讲述诙谐的故事。但是，在这个过程中，父母要避免对孩子的语言或表达方式过于挑剔。相反，要以正确的方式向他们重复语句，示范正确的发音或语法。例如，当孩子说"我走得好快呀！"，父母可以选择说："是的，你走得好快！"

韵律。 反复吟唱、阅读、书写或聆听儿歌，除了对发展语言能力有利，还能促进听力发展和记忆保持。父母可以用押韵的词来叙述家里的事情，或让孩子用押韵的词介绍他们最喜欢的玩具。

同音字。 通过展示听起来相同但含义不同的同音字，促进听力发展和对词语的理解。可以让孩子想一想听起来很像的词，并让他们试着给每个词下定义。比如，"东"和"冬"这两个词，读音完全相同，但是意义不同。可以让孩子尝试解释这两个词，这也是衡量孩子词汇量大小，了解他们对词的理解是否正确的一个好办法。

讲故事。 分享故事，无论是真实的还是虚构的，都可以为孩子提供一个很好的机会，让他们练习把一连串的时间点关联起来，同时帮助他们提升沟通技巧。可以跟孩子一起交流与日常生活有关的故事，或用幻想故事拓宽想象力。让孩子用自己的语言讲述一个完整的故事，语言能力、记忆力与创造力都能得到锻炼。

唱歌。 音乐对儿童语言能力的发展有积极的影响。唱歌也能帮助儿童学习新词。歌词具有韵律感和节奏感，更容易跟着吟唱，也很有乐趣。简单地为一项活动配上曲调，就可以成为亲子互动的"唱歌游戏"。

绕口令。 练习绕口令是教孩子正确发音和吐字的一个很好的方法，也十分有趣。这是一种训练他们舌头发音的方法，可以从简单的开始，然后逐步增加难度。

参考文献

1. Vouloumanos A, Werker J F. Tuned to the signal: the privileged status of speech for young infants[J]. Developmental Science, 2004, 7(3): 270-276.
2. Bernier A, Calkins S D, Bell M A. Longitudinal Associations Between the Quality of Mother-Infant Interactions and Brain Development Across Infancy[J]. Child Development, 2016, 87(4): 1159-1174.
3. Brito N H, Fifer W P, Myers M M, et al. Associations among family socioeconomic status, EEG power at birth, and cognitive skills during infancy[J]. Developmental Cognitive Neuroscience, 2016, 19:144-151.
4. Hoff E. The specificity of environmental influence: Socioeconomic status affects early vocabulary development via maternal speech[J]. Child Development, 2003, 74(5):1368-1378.
5. Melvin S A, Brito N H, Mack L J, et al. Home Environment, But Not Socioeconomic Status, is Linked to Differences in Early Phonetic Perception Ability[J]. Infancy, 2017, 22(1): 42-55.
6. Schlaggar B L, McCandliss B D. Development of Neural Systems for Reading[J]. Annual Review of Neuroscience, 2007, 30(1):475-503.
7. Merz E C, Maskus E A, Melvin S A, et al. Socioeconomic Disparities in Language Input Are Associated with Children's Language-Related Brain Structure and Reading Skills[J]. Child Development, 2020, 91(3):846-860.
8. Romeo R R, Leonard J A, Robinson S T, et al. Beyond the 30-Million-Word Gap: Children's Conversational Exposure Is Associated With Language-Related Brain Function[J]. Psychological Science, 2018, 29(5): 700-710.
9. Singh L, Morgan J L, Best C T. Infants' Listening Preferences: Baby Talk or Happy Talk?[J]. Infancy, 2002, 3(3):365-394.
10. Kuhl P K. Is speech learning 'gated' by the social brain?[J]. Developmental Science, 2007, 10(1):110-120.
11. Kuhl P K, Tsao F M, Liu H M, et al. Language/Culture/Mind/Brain : Progress at the Margins between Disciplines[J]. Annals of the New York Academy of Sciences, 2001, 935(1):136-174.
12. Ramírez N F, Lytle S R, Kuhl P K. Parent coaching increases conversational turns and advances infant language development[J]. Proceedings of the National Academy of Sciences of the United States of America, 2020, 117(7):3484-3491.
13. Peña M, Maki A, Kovačić D, et al. Sounds and silence: An optical topography study of language recognition at birth[J]. Proceedings of the National Academy of Sciences of the United States of America, 2003, 100(20):11702-11705.
14. Golinkoff R M, Can D D, Soderstrom M, et al. (Baby)Talk to Me: The Social Context of Infant-Directed Speech and Its Effects on Early Language Acquisition[J].

Current Directions in Psychological Science, 2015,24(5):339-344.

15. Fernald A. Intonation and communicative intent in mothers' speech to infants: Is the melody the message?[J]. Child Development, 1989, 60(6):1497-1510.

16. Thibault S, Py R, Gervasi A M, et al. Tool use and language share syntactic processes and neural patterns in the basal ganglia[J]. Science, 2021, 374(6569): eabe0874.

17. Robb M B, Richert R A, Wartella E A. Just a talking book? Word learning from watching baby videos[J]. British Journal of Developmental Psychology, 2009, 27(1):27-45.

18. Hurtado N, Marchman V A, Fernald A. Does input influence uptake? Links between maternal talk, processing speed and vocabulary size in Spanish-learning children[J]. Developmental Science, 2008, 11(6):F31-F39.

19. DeCasper A J, Spence M J. Prenatal maternal speech influences newborns' perception of speech sounds[J]. Infant Behavior and Development, 1986, 9(2):133-150.

20. Ganea P A, Pickard M B, DeLoache J S. Transfer between Picture Books and the Real World by Very Young Children[J]. Journal of Cognition and Development, 2008, 9(1):46-66.

21. Ganea P A, Ma L, DeLoache J S. Young Children's Learning and Transfer of Biological Information From Picture Books to Real Animals[J]. Child Development, 2011, 82(5):1421-1433.

22. Kelemen D, Emmons N A, Schillaci R S, et al. Young Children Can Be Taught Basic Natural Selection Using a Picture-Storybook Intervention[J]. Psychological Science, 2014, 25(4):893-902.

23. Simcock G, DeLoache J. Get the Picture? The Effects of Iconicity on Toddlers' Reenactment From Picture Books[J]. Developmental Psychology, 2006, 42(6): 1352-1357.

24. Aram D, Aviram S. Mothers' Storybook Reading and Kindergartners' Socioemotional and Literacy Development[J]. Reading Psychology, 2009, 30(2):175-194.

25. Bhavnagri N P, Samuels B G. Children's literature and activities promoting social cognition of peer relationships in preschoolers[J]. Early Childhood Research Quarterly, 1996, 11(3):307-331.

26. Parish-Morris J, Mahajan N, Hirsh-Pasek K, et al. Once Upon a Time: Parent-Child Dialogue and Storybook Reading in the Electronic Era[J]. Mind, Brain, and Education, 2013, 7(3):200-211.

27. Hutton J S, Dudley J, Horowitz-Kraus T, et al. Differences in functional brain network connectivity during stories presented in audio, illustrated, and animated format in preschool-age children[J]. Brain Imaging and Behavior, 2020,

14(1):130-141.

28. 曹轶娟，李甦．亲子共读中的父母行为研究述评[J]．中国特殊教育，2016（8）：77-81．

29. Hutton J S, Phelan K, Horowitz-Kraus T, et al. Story time turbocharger? Child engagement during shared reading and cerebellar activation and connectivity in preschool-age children listening to stories[J]. PLoS One, 2017, 12(5):e0177398-e0177398.

30. Cartmill E A, Armstrong B F, Gleitman L R, et al. Quality of early parent input predicts child vocabulary 3 years later[J]. Proceedings of the National Academy of Sciences of the United States of America, 2013, 110(28):11278-11283.

31. Dowdall N, Melendez-Torres G J, Murray L, et al. Shared Picture Book Reading Interventions for Child Language Development: A Systematic Review and Meta-Analysis[J]. Child Development, 2020, 91(2):e383-e399.

32. Lonigan C J, Whitehurst G J. Relative efficacy of parent and teacher involvement in a shared-reading intervention for preschool children from low-income backgrounds[J]. Early Childhood Research Quarterly, 1998, 13(2):263-290.

33. 王辉，李广政．儿童手势及其与学习的关系[J]．心理科学进展，2021，29（9）：1617-1627．

34. Goldin-Meadow S, Alibali M W. Gesture's Role in Speaking, Learning, and Creating Language[J]. Annual Review of Psychology, 2013, 64(1):257-283.

35. Thal D, Tobias S, Morrison D. Language and gesture in late talkers: A 1-year follow-up[J]. Journal of Speech and Hearing Research, 1991, 34(3):604-612.

36. Rowe M L, Goldin-Meadow S. Differences in Early Gesture Explain SES Disparities in Child Vocabulary Size at School Entry[J]. Science, 2009, 323(5916):951-953.

37. Özçalışkan Ş, Adamson L B, Dimitrova N, et al. Early Gesture Provides a Helping Hand to Spoken Vocabulary Development for Children with Autism, Down Syndrome, and Typical Development[J]. Journal of Cognition and Development, 2017, 18(3):325-337.

别让语言障碍成为孩子的伤

> 儿童语言发展过程中，各类语言障碍会对儿童身心健康发展造成严重威胁。语言障碍不仅影响儿童语言与认知能力的发展，对儿童自尊、社会交往与心理健康等多个方面都会造成负面影响。正确认识儿童期的语言障碍，采取科学有效的诊断和矫治方法，帮助儿童将语言能力发展拉入正常的发展轨道，是儿童教育的重大议题。

这个部分将介绍发展性阅读障碍、发展性口吃、发展性构音障碍、发展性书写障碍、特定型语言障碍等几类常见的语言发展障碍。这些语言障碍用到了"发展性"这个限定词，是指神经生理没有明显器质性损伤的情况下，儿童表现出的各种语言能力缺陷。这是为了区别获得性语言障碍而言的，获得性语言障碍是指因为神经生理出现器质性病变导致的语言障碍。

一 发展性阅读障碍

1. 电影中的阅读障碍

电影情节一：奥斯卡获奖电影《至暗时刻》中有一个丘吉尔新来的秘书给他打电报的情节。当时，正处于战争的关键时刻。在这个情节中，丘吉尔不断地斥责着秘书的表现，当秘书把打好的文稿递给丘吉尔时，他看了一眼就彻底爆发了，对着秘书劈头盖脸地大骂。最后，这个秘书哭着跑了出去。很多人看到这个情节都有些不解：尽管时局很紧张，但似乎这个秘书并没有做错什么，为什么丘吉尔这样一个领袖人物会对一个新来的秘书如此粗暴呢？

电影情节二：电影《地球上的星星》是一部印度电影，主要讲述了8岁男孩伊桑的成长故事。伊桑的学习成绩不太好，但脑子里充满了各种匪夷所思的鬼点子。他又一次闯下大祸后，父母将他送到了寄宿学校。电影中有一个情节：在课堂上，英语老师让他站起来读一个句子。伊桑站起来却说："我看到的文字在跳舞。"顿时，同学们哄堂大笑，教室的秩序被破坏。老师又一次认为，肯定又是他在故意捣乱，于是对他进行了批评。但事实并非如此，伊桑之所以这样是有原因的。

实际上，电影情节一中的丘吉尔和电影情节二中的伊桑都是阅读障碍者。在电影情节一中，丘吉尔对秘书大声地喊道："Single space…"惹他发火的原因是秘书用单倍行距打印了这封电报。对一个阅读障碍者而言，阅读单倍行距的密集文本非常困难。电影中，丘吉尔认为，他的管家应该提前告诉了这个新来的秘书这一重要信息，但这个秘书没有认真执行，所以他才大发雷霆。

而在电影情节二中，伊桑说他看到"文字在跳舞"，也不是他在故意捣乱，而是他确实看到了文字的"抖动"。阅读障碍者视觉系统存在异常，导致他们看到的视觉信息出现扭曲或变形，甚至可能看到视觉信息抖动的情况。

纪录片《我不是笨小孩》记录了三个阅读障碍儿童的学习与生活日常，用鲜活的形式给我们展示了阅读障碍者面对的巨大挑战。阅读障碍导致这三个孩子学习成绩差，最后对他们的自尊、自信心与人际交往带来一系列问题。在片中，三个孩子的父母也同样面临巨大挑战，他们在身体、情绪与经济方面付出了巨大努力。庆幸的是，这三个孩子的父母没有放弃，一直在通过各种途径不断努力，向专业的科研机构寻求帮助，通过科学诊断与矫治训练，孩子们在阅读和学习方面都取得了明显进步。同时，通过专家的讲解，父母认识到孩子面对的问题，在心理上也感受到了慰藉和支持。阅读障碍的矫治是一个漫长的过程，而能支持孩子走出困境的人就是父母。父母要对阅读障碍有正确的认识，不给孩子贴上"笨小孩"的标签，才能真正帮助他们提升阅读能力，走出阅读障碍带来的阴影。

历史上，人们对阅读困难的认识始于100多年前德国神经学家阿道夫·库斯莫尔（Adolph Kussmaul）。他注意到几个病人不能正确阅读，而且经常出现用词错误。后来，他用"词盲（word blindness）"来描述这一症状。19世纪80年代，德国眼科医生鲁道夫·柏林（Rudolf Berlin）首次使用"阅读障碍（Dyslexia）"一词来界定这种症状。Dyslexia这个词来自希腊语，dys-表示困难，-lexia表示词语，这个词的意思是"用词困难"。早期阅读障碍病例大部分是因为脑损伤导致的阅读困难，其实是获得性阅读障碍。

普林格尔·摩根（Pringle Morgan）医生于1896年在《英国医学杂志》上报告了第一例天生的阅读障碍者，是一个14岁的男孩，他表现出学习词语的特定困难。发展性阅读障碍指个体的智力水平正常，且享有平等的教育条件，无明显神经与器质性病变，但阅读水平低于其年级（年龄）应有的水平。阅读障碍不仅影响儿童知识获取与学业成就，还对情绪、行为与社会适应性等方面造成严重的负面影响。在拼音文字系统中，有5%～17.5%的儿童受到阅读障碍的困扰。过去很长一段时间，人们认为汉语不存在阅读障碍。这是因为汉字是图形文字。学习汉字过程中，只要把图形识记下来就可以了，不需要对字词进行语音解码。但后来研究发现，汉语儿童中依然存在发展性阅读障碍，发生率为5%～8%[1]。此后在北京、广东和山东的一项大规模调查发现，汉语阅读障碍发生比例有大幅度提高的趋势。如果将落后两个年级作为标准，汉语阅读障碍发生比例已经达到28%[2]。这是一个非常高的比例，需要引起父母和全社会的充分重视。研究者指出，汉语阅读障碍发生比例上升可能与儿童使用拼音输入法有关。汉字不是拼音文字，大量使用拼音输入法会损害字形与运动记忆，最终影响阅读能力的发展。

2. 阅读障碍的症状表现

阅读障碍的诊断需要到儿童入学以后，经历一段时间的正规阅读教学后，进行阅读能力测试。如果测试成绩严重落后，在排除其他的影响因素后，才能确诊。但实际上，在不同的年龄段，只要孩子有了一定的文字经验，就可以观察到一些阅读障碍发生的风险症状。

（1）学龄前（0~6岁）

a. 开始说话晚。
b. 对韵律的反应差。比如，学习儿歌与说押韵词时表现出明显的困难。
c. 学习新的口语词汇比较慢，词汇量很小。
d. 不能形成正确的词语发音，经常混淆相似读音。
e. 在初学写字时，出现大量的镜像书写，包括把偏旁写反或组合偏旁时写反。

（2）入学后（6岁至青少年）

a. 识字量严重落后，排名处于同年级的最后10%。
b. 无法把字形与语音对应起来。比如，在拼音文字中，无法将字母与语音配对。在汉语中，无法将字或者偏旁与其对应的读音联系起来。
c. 说话不流畅，经常出现停顿、犹豫。例如，说话时常用"嗯嗯嗯"之类语气词填补。
d. 阅读识字水平发展缓慢，明显低于其年龄应该有的水平。
e. 语言听力理解明显困难。
f. 在说话时，难以找到适当的词语。例如，经常出现找不到合适的词语表达自己意思的情况。

g. 记住一连串的事物有困难。例如，如果让他们把几个连续发生的事件串起来表达，会出现严重困难。
h. 视觉识别困难，难以发现文字的相似性。
i. 出现阅读问题。阅读技能掌握很慢，缺乏阅读新词汇的策略。阅读时经常漏掉一些字词。拒绝出声阅读的任务，尤其避免在大众面前诵读课文。非常依赖上下文语境理解和确定词语的意义。回避跟阅读有关的事情。
j. 朗读时缺乏音调节奏，声音听起来没有起伏。
k. 听写出现严重困难，书写速度慢，笔迹质量很差，经常出现抄写错误。

（3）青少年/成年

a. 阅读（包括出声阅读）有困难，经常出现说错词语的情况。
b. 说话不流利，词汇量小，表达形式单一。
c. 阅读速度慢，非常费力。
d. 书写问题依然严重。
e. 避免与阅读相关的活动。
f. 无法理解比较晦涩的表达，比如隐喻。

3. 阅读障碍的诊断

　　智力-阅读成就差异模式是阅读障碍诊断常用的模式，通过测量智力得分与阅读能力得分之间的差异来确定阅读障碍。如果一个孩子的阅读能力得分远远低于智力水平，可能就有阅读障碍。拼音文字阅读能力测试一般是完成读词任务，包括真词与假词。诊断标准为低于年级水平1.5个标准差（排名处于倒数7%左右），或者落后2个年级（比如5年级儿童阅读能力处于3年级水平）。汉语阅读能力测试一般采用字词识别或识字量测试。字词识别一般包含150～200个汉字，难度按照从低到高进行排列，要求儿童读出字音。识字量测试是汉语阅读障碍诊断的另一种常用方式，一般采用一个标准化的汉字识字量诊断量表。该量表包括170个汉字，从易到难分为10组，要求孩子在答卷上对看到的字进行组词[3]。智力测试一般采用瑞文非言语智力测试，标准为智力分数在80分以上或处于智力分数前60%的水平[4]。如果一个孩子阅读水平处于年级水平1.5个标准差以后，且智力水平正常，就初步判定为有汉语阅读障碍。此外，需要排除一些生理或其他发育障碍，比如是否患有注意缺陷多动障碍。

4．阅读障碍的类型

阅读障碍具有明显的异质性，可以分出不同的亚类型。对阅读障碍类型进行精确划分，是开展精准矫治的重要前提。阅读障碍亚类型可以根据阅读模型理论进行划分，也可以根据阅读障碍者的认知缺陷进行划分[5]。阅读双通路模型是阅读障碍分型的常见策略。双通路模型认为，文字阅读过程中，存在亚词汇通路与词汇通路两条通路。亚词汇通路依赖形-音对应规则，把视觉词语分解为语音形式，先识别部分，然后通达整词的语音和语义。这种策略一般用于有形-音对应规则的词语。词汇通路主要用于字形与语音对应不规则的词语，是通过整词记忆方式提取语音与语义。根据这两条阅读通路，把阅读障碍分为语音型与表层型两种类型。如果是亚词汇通路受损，称为语音型阅读障碍。如果是词汇通路受损，称为表层型阅读障碍。拼音文字系统中，完全语音型阅读障碍约占15%，完全表层型阅读障碍约占18.87%[6]，剩下大部分阅读障碍不能完全划定在某一种类型中，是混合型阅读障碍。在汉语中，语音型阅读障碍的比例明显低于拼音文字系统，18%的汉语阅读障碍儿童具有语音和快速命名双重缺陷，50%的汉语阅读障碍儿童具有语音、快速命名和正字法三重缺陷。超过一半（62%）的汉语阅读障碍儿童被归类为表层型[7]。实际上，大部分阅读障碍都表现出多种认知能力缺陷，很难完全划为某一种类型。

5. 阅读障碍的发生原因

（1）语音加工缺陷

目前，语音加工缺陷是唯一被公认的阅读障碍核心因素，在拼音文字和汉语阅读障碍中都有报道。语音加工缺陷表现在对语音的表征、存储和操作等多个方面，在不同语言中有不同表现。语音缺陷理论认为，阅读障碍者大脑左半球外侧裂周围区域功能失调，导致语音表征或者加工问题，进而造成阅读困难[8]。脑科学研究发现，阅读障碍儿童颞顶叶与双侧额叶等负责语音加工的脑区活动与功能连接异常[9]。

汉语阅读障碍儿童也表现出明显的语音缺陷，主要表现在音节水平上。脑成像研究发现，汉语阅读障碍儿童在语音加工中，左侧额中回出现明显的激活不足[10]与神经元结构异常[11]。这一发现与拼音文字存在明显不同，说明汉语阅读障碍的神经基础与拼音文字存在巨大差异。研究还发现，在汉字与英语单词的押韵判断任务中，阅读障碍儿童左侧颞下回与左侧额下回的连接降低，这反映了汉语阅读障碍儿童视觉字形-语音脑区的功能连接存在异常[12]。

（2）视觉加工缺陷

在我们的视网膜上，分布着大细胞与小细胞两种类型的视觉细胞。视觉大细胞对快速变化的视觉刺激敏感，对探测视觉变化与视觉运动起着重要作用。对阅读障碍者的大脑组织分析发现，他们外侧纹状体上的大细胞比一般人少27%，而且形态异常，表现为：体积较小，存在着发育不良、发育畸形、小的神经元位置错乱[13]。阅读障碍者视觉大细胞功能缺陷影响了视觉注意与眼动控制，进而干扰了阅读加工。视觉大细胞系统不仅影响整词字形的识别，也影响单个字母或笔画排序组合的识别[14]。

研究者发现，汉语阅读障碍儿童存在明显的视觉大细胞通路的缺陷[15]。那么这种缺陷是如何影响汉字阅读的呢？视觉大细胞通路缺陷可能影响了汉字整体加工。汉字字形复杂，整体加工是加快识别的重要策略[16]，而阅读障碍儿童缺乏这种整体加工能力[17]。此外，视觉大细胞功能缺陷还可能影响阅读障碍儿童的听觉加工[18]与视觉运动[19]。当然，并不是所有的阅读障碍者都存在视觉大细胞功能缺陷。调查发现，大约有50%的汉语阅读障碍儿童存在视觉大细胞通路缺陷[20]。总之，视觉大细胞功能缺陷假说解释了很多阅读障碍者在基础感知觉方面的缺陷，对理解阅读障碍发生和阅读障碍的矫治具有重要启示。

（3）一般性认知加工能力缺陷

阅读能力的发展也需要一般性认知能力的支撑，其中注意和工作记忆是两个重要因素。阅读障碍的发生也与这些认知加工能力缺陷有关。首先，视觉注意广度不足是阅读障碍发生的一个原因[21]。视觉注意广度指同时加工视觉刺激的个数。阅读过程中，需要同时加工多个视觉刺激。如果视觉注意广度存在缺陷，就无法在阅读过程中同时注视多个文字刺激，导致阅读流畅性下降[22]。研究发现，阅读障碍儿童的视觉注意广度明显小于正常同龄儿童[23]，阅读障碍者在阅读中表现出的漏字、跳行等现象，可能就与视觉注意广度不足有关。

工作记忆是一种特殊的短时记忆系统，同时涉及对信息的短时存储与加工。工作记忆包括语音环路、视觉空间模板、情景缓冲器与中央执行系统等多个成分[24]。其中，语音工作记忆是阅读过程中的重要成分。大量科学研究发现，阅读障碍者的语音工作记忆存在缺陷[25]。语音工作记忆缺陷给阅读过程中语音信息的提取和操作带来困难，导致文字语音信息无法正常传达，最终影响阅读过程。

（4）语素意识缺陷

语素意识缺陷是汉语阅读障碍发生的重要因素[26]。汉字是一种表意文字，在汉语中，"飞"和"机"是两个独立语素，如果放在一起变成了"飞机"，就是另外一个词语了。在阅读中遇到一个陌生词时，如果孩子具有良好的语素意识，他们能够通过语素知识获得这个词的一般性意义。例如，如果知道有一个语素"车"，大致是有轮子的陆上交通工具的意思，就可以帮助孩子学会更多与语素相关的词。看到有关"车"的语言信息时，如"自行车""汽车""火车"等，孩子能快速学会这些词。在不同词语中，"车"的位置不同，会促使孩子去思考这个新词是指什么类型的车。汉语中有很多同音字，一个音对应着很多字义和字形，这就是同音语素。而同一个字还代表不同的意思，比如"面"，它可以指面条，也可以指头的前部、脸，有不同的意思。在分辨与加工语素方面，汉语阅读障碍儿童存在明显的困难[27]。这些困难严重拖累了他们的阅读速度和效率，在小学高年级阶段表现得尤为明显。

（5）运动加工缺陷

阅读障碍儿童的运动协调能力较差。小脑理论（也叫自动化加工理论）认为，小脑功能失调导致了阅读障碍者运动协调能力发展不足，或者运动自动化水平不高，影响了发音或书写等语言运动加工能力，最终造成阅读困难[28]。

研究者对汉语阅读障碍儿童进行了一系列的运动测试。其中，运动序列学习是小脑的重要功能。研究者发现，汉语阅读障碍儿童无法像正常儿童一样产生内隐动作学习[29]。通过磁共振扫描，研究者发现，汉语阅读障碍儿童左侧小脑功能与结构存在异常[30-31]。这与对拼音文字的研究发现不同，拼音文字阅读障碍一般表现出右侧小脑功能与结构异常[32]。这也是阅读障碍存在文化差异的一个证据。

书写是一种特殊的运动，阅读障碍儿童表现出明显的书写障碍。从加工过程分析，书写与阅读是两个互逆过程，涉及多个共同加工成分。阅读是从视觉输入到语言理解的过程，而书写是从语义信息提取到视觉词形输出的过程。书写练习能够建立字形表征，从而促进阅读过程中的字形识别[33]。阅读障碍儿童的书写缺陷从写单字到写作文都有所表现，反映在书写过程（速度、停顿等）与书写质量方面。低年级儿童主要表现在手写运动过程中，高年级儿童主要表现在语言词汇方面。与拼音文字不同，汉语阅读障碍书写缺陷更多涉及视觉-运动整合缺陷[34]。研究者使用功能磁共振成像技术，考察了汉语阅读障碍儿童书写和阅读困难的神经基础。研究者发现，汉语阅读障碍儿童在抄写汉字的过程中，感觉-运动和视觉脑功能区的激活不足。其中左侧辅助运动区和右侧楔前叶两个脑区在完成阅读任务中也呈现激活不足的情况，说明这两个脑区是连接汉语阅读障碍儿童书写与阅读困难的桥梁。此外，阅读障碍儿童左侧额下回和前扣带皮质出现过度活动，反映了他们需要付出更多执行控制的努力。这些发现表明，汉语阅读障碍书写缺陷涉及负责运动执行、视觉正字法处理和认知控制等的多个脑区的功能异常[35]，这也为汉语阅读障碍的诊断和矫治提供了新的线索。

（6）基因因素

基因与环境是阅读障碍的共同成因。阅读障碍的风险基因包括DYX1C1，DCDC2，KIAA0319和ROBO1等[36]。一项大规模的基因研究对9个不同国家中2274名阅读障碍儿童与6272名正常儿童进行了全基因组关联分析，发现两个新的基因——LOC388780、VEPH1与阅读障碍有关。但是，只有20%~25%的阅读障碍变异是由基因驱动的。而且，阅读障碍基因与多动症、精神分裂症、双相障碍等其他神经性疾病基因具有一定的共变性[37]。这也意味着，阅读障碍这种发展性学习障碍是与其他的神经性疾病有关联的。

6. 阅读障碍的预防

降低发展性阅读障碍危害的首要任务是预防。如果能在阅读教学之前或早期发现阅读障碍风险，尽早进行有效训练和干预，就能最大限度减少阅读困难经历对儿童发展的负面影响。有证据显示，阅读障碍可以被预测。比如，在幼儿园或小学一年级测试儿童的语言能力，对儿童的形音匹配、语义加工、快速命名等阅读相关技能进行考察，这些测试的表现可以有效预测儿童后期发生阅读障碍的风险。当个体被鉴别为阅读障碍风险人群后，如果进行有效的行为矫正，56%~90%的儿童阅读能力可以回到正常水平。

预测阅读障碍的另一个途径是测量大脑，通过对大脑功能或结构的系统测量，构建预测模型，以精确预测阅读障碍。脑电可以在儿童身上进行多次测量，是一种早期预测阅读障碍的重要技术。纵向研究发现，在儿童早期阶段，从大脑的反应可以预测阅读障碍的发生。在出生后36个小时以内，对孩子听到语言的脑电反应进行测量，这个脑电指标就能够预测他们8岁时是否发生阅读障碍，预测准确率达到81%[38]。出生后1周以内测试语言刺激的脑电反应，可以预测孩子在2.5岁、3.5岁和5岁时的语言能力。这表明，阅读障碍儿童的大脑异常在出生时就已存在[39]。实际上，有研究发现，传统行为测量和脑电测量结合起来，可提高预测阅读障碍的准确率[40]。要深入了解导致阅读障碍发生与发展的模式，开发准确的预测指标，需要进行长期的纵向追踪研究。

7. 阅读障碍的矫治

对阅读障碍的矫治，需要基于儿童的个体特征，包括认知风格、情绪与性格特点等，提供针对性的矫治方案。

（1）矫治原则

对于阅读障碍的矫治，总体上有一些需要注意的原则，这些原则对言语治疗师和父母都具有很重要的指导意义。

a. 互动性原则。语言是一门交流的科学，矫治语言障碍需要采用一种互动、交流的方式，才能达到良好的效果。日常生活场景，如学习、吃饭、洗澡以及游戏等，都是语言应用与训练的重要场景。语言治疗方案需要融入这些场景中，把语言矫治落实在生活中，才能提升语言治疗的效果。学以致用，对语言障碍儿童的实际生活也更有帮助。

b. 个性化原则。儿童在认知、情绪与性格方面个体差异较大，因此，在开展语言矫治的过程中，要充分尊重儿童的个体差异。在与言语治疗师以及家庭其他成员交流过程中，语言障碍儿童地位和处境的特殊性要得到充分考虑，这样的治疗方式才能取得更好的效果。

c. 以儿童为中心的原则。言语治疗师在教导父母如何与语言障碍儿童沟通交流的时候，告诉父母要充分尊重孩子，对他们的需求和意图做出及时回应。在互动的过程中，注意孩子的兴趣以及他们关注的环境因素，建立一个以孩子为中心、充分尊重的沟通环境，而不是父母主导的命令式、要求式的环境，让孩子在沟通过程中充分体验到自主性，提高他们在语言表达方面的自我控制感。

d. 充分考虑发展的因素。在儿童语言训练的过程中，要充分考虑他们的发展水平，提出适合发展阶段的任务。例如，对低年龄段语言障碍儿童，在自我表达的治疗中，比较适宜采用一些简单词语，而不是复杂句式，也不宜采用隐喻。如果需要采用复杂的、高级的语法形式，一定要及时给他们解释，与他们沟通。如果父母和老师在与儿童互动过程中，提供一些适合儿童理解的语言输入，语言障碍可以得到有效的改善。

e. 充分考虑情绪情感的作用。儿童处于发展的早期阶段，受到情绪发展阶段的限制。他们在日常生活中受到更多来自外界的压力。这种长期的压力环境可能对他们社会情绪的发展造成比较严重的影响。因此，老师和父母在平时沟通交流的过程中，要帮助儿童发展适应与调控情绪的能力。这种情绪调控能力的提升，可以提高沟通交流过程中的舒适度，增强他们的沟通动机，对语言治疗具有促进作用。

f. 培养终身发展观原则。有效的干预手段必须符合孩子特定的发展阶段，尤其是要判定，从终身发展的角度看，孩子处于发展的哪个阶段。早期进行补救式干预，后期进行调试性干预。

g. 充分利用孩子高层次的逻辑思维能力。每个孩子都有某个能力维度的优势，要注意和利用孩子在高水平思维、逻辑、推理、概括、创造性、想象力等方面的优势，找到并发展这些优势能力，以弥补他们在字词解码或拼写方面的缺陷。

（2）矫治方法介绍

a. 语音训练

语音加工缺陷是阅读障碍的核心缺陷，大量阅读障碍训练关注了语音加工能力。其中一个比较著名的训练程序是由美国神经学家迈克尔·梅策尼希（Michael Merzenich）开发的一款叫"快速学单词"的训练软件。迈克尔·梅策尼希是加利福尼亚大学旧金山分校的名誉教授，同时也是神经可塑性领域的先驱人物。他认为，通过程序式的行为训练，可以提升大脑的功能，从而改善行为方面的缺陷。这款训练软件主要是帮助大脑更好地识别不同的声音，通过使用语音刺激来改善听觉和语言加工能力。这个干预程序包括七个适应性练习的子程序，包括对两个短暂的连续声音序列进行辨别（这两个序列由一个特定的刺激间隔开来）、区分独立音素的变化、从一系列辅音-元音（CV）和元音-辅音-元音（VCV）刺激中识别出特定的语音等。

在一个应用案例中，训练师对9岁阅读障碍儿童进行每天100分钟的训练，每周5天，一共进行了27.9天的训练。测量发现，儿童综合阅读能力与口语能力都得到显著提升。大脑扫描发现，训练引发了阅读障碍儿童左侧颞顶叶与右侧额叶与颞叶的激活增加[41]。这说明，这种语音能力的综合训练程序不仅有效提升了语音能力，还有效促进了阅读相关脑区功能的激活。

阅读能力与口语能力密切相关，口语训练也是一种有效的语音训练。有研究者比较了字词解码训练与口语训练的效果。口语训练是直接教给孩子一些新的词汇，提升语言表达、推理和倾听能力。这个训练持续20周，每天都进行。训练形式包括一对一训练与团体训练两种，交替进行。比较训练结果发现，字词解码训练明显要比口语训练效果更好。训练结束后，阅读障碍儿童在语素意识、字母-声音知识、阅读与拼写能力方面都有了明显提升。参加字词解码训练的儿童，有50%的阅读障碍风险儿童赶上了正常儿童的水平。参加口语训练的儿童，只有31.9%的阅读障碍风险儿童赶上了正常儿童的水平[42]。

在汉语中，语音能力也可以通过声旁和形旁进行训练。一个汉语阅读障碍儿童的案例中，训练师在给儿童呈现一个汉字后，再呈现包含相同声旁或形旁的其他汉字。比如，除了"熔"这个字的读音和意义，训练师还教给孩子这个字的偏旁信息："火"是形旁，代表意义（跟火有关），然后呈现另外的两个字——同样包含火字旁的"炮"与"炒"；同时，告诉孩子这个字的声旁是"容"，然后呈现两个声旁相同的字——"榕"与"溶"。在后续练习中，孩子先单独抄写两个偏旁，再抄写整个汉字。在这个训练中，阅读障碍儿童语音-语义匹配能力得到了明显提升。对于两个字的词语，对组成词语的两个字用不同颜色进行标记，强调不同的意义。比如，"争论"这个词语，分解为"争"（表示竞争）与"论"（表示讨论）两个字。另外，其他的双字词（如"战争""论文"）也同时提供。在随后的抄写练习中，孩子需要先抄写两个单独的字，再抄写整词。这样可以使他们了解同一个字在不同词语中的不同意义，提升语素意识[43]。

b. 基础感知觉训练

对基础感知觉能力进行训练（如视觉或听觉训练），也可以矫治阅读障碍。这种基于感知觉的训练属于自下而上的训练模式，可以看到直接的效果。在基本感知觉层面，常见方式是针对视觉大细胞通路功能进行训练。

视觉运动游戏训练。这种训练方式具有以下特征：（1）在视觉与运动两个方面要求极快的速度；（2）在知觉认知与运动负荷方面要求很高，以保证运动训练的准确性；（3）时间与空间的不可预测性；（4）强调外周神经系统的加工。

在一个训练案例中，训练者采用一款名为"雷曼：疯狂兔子"的视频动作小游戏，有效矫治了阅读障碍儿童的阅读流畅性。在这款训练游戏中，儿童需要完成两个部分的任务：一是"打兔子"，二是"扭动身体"。在打兔子游戏中，兔子可能出现在屏幕的任何地方，儿童需要集中注意力击中兔子身上的靶点，且避免被兔子击中。而扭动身体游戏是一个舞蹈类的游戏。在游戏过程中，当目标出现在左边或右边时，两只手需要随着节奏一起移动。一组阅读障碍儿童训练了9次，每次80分钟，共持续了2周。经过总共12小时的训练，阅读障碍儿童语音解码能力和篇章阅读速度有了显著改善。而且，在阅读速度提高的前提下，准确率并没有受到影响。据估计，这种针对性的训练进行12个小时达到的效果，相当于在不训练情况下自然发展1年所能达到的能力提升量。这就体现了针对性训练的价值和重要性，如果不干预，这些阅读障碍儿童的发展会越来越落后。追踪发现，训练对阅读速度的促进效果能维持2个月的时间[44]。

为什么视频动作游戏对阅读障碍儿童这么有效呢？视频动作游戏具备几个重要特征，如玩家需要对快速运动的刺激进行加工、需要注意定向及快速转换等，这些认知加工是视觉大细胞通路的主要功能。因此，从神经基础的角度分析，这种训练实际是提升了视觉大细胞通路的功能，进而有效提升了阅读能力。

c. 工作记忆训练

工作记忆的各个成分都与阅读加工相关，工作记忆训练也是矫治阅读障碍的有效方法。工作记忆训练具有多种任务范式，其中最常用的是n-back任务。这种任务中，参与者首先看到连续呈现的一系列材料，可以是文字、数字或图片，其中有一些材料会重复出现,重复出现的位置不确定。训练任务是判断当前看到的材料与倒回去(back)的第几个(n个)刺激相同,通过按键进行反应。这个任务的难度通过倒回去位置数量(n的大小)来控制。如果是倒回去1个位置的刺激,就是1-back,n=1;如果是倒回去2个位置的刺激,就是2-back,n=2;依次类推。在n-back训练中,先从最简单的开始,随着训练的进行,参与者记忆广度增加,他们就能记住更长间隔的刺激,n的数量增加,代表工作记忆广度增加。

在一个汉语阅读障碍儿童训练案例中,同时用到了语音工作记忆和视觉空间工作记忆两种模式[45]。参加训练的儿童为9岁左右的小学生。在语音工作记忆训练中,记忆材料是6个汉语元音字母(a, o, e, i, u, ü)。训练长度从1-back到8-back,也就是从倒回去1个位置到倒回去8个位置,判断是否是相同的字母。训练一共进行了15天,一周5天,连续进行3周,每天进行15分钟。经过训练,儿童的工作记忆广度从不到2提高到了6。同时,阅读加工能力也得到显著提升,表现在语音意识和正字法意识等方面。在视觉空间n-back训练中,刺激变成了一个由6个小圆圈组成的环形,某一个位置的小圆圈会变成粉色。参与者的任务是判断现在看到的变色位置跟n个位置之前是否相同。在这里,记忆内容就是空间位置,而不是语音信息。同样,几名9岁左右的阅读障碍儿童进行了为期15天的训练。结果发现,他们的视觉空间工作记忆广度从2提升到了接近8,在阅读方面,字形加工能力也得到显著改善。

d. 运动训练

基于阅读障碍的小脑功能缺陷,一些训练项目试图通过运动训练矫治阅读障碍。被广泛应用于阅读障碍儿童的小脑运动训练包含了高强度、适应性强的训练课程,整合了感觉刺激、视觉运动与前庭训练等多个方面。训练内容包括平衡板、扔接沙包、双任务(比如运动的同时进行口算加工),以及一系列的拉伸与协调性训练。训练过程中,不断评估儿童取得的进步,然后调整难度。在一个训练案例中,经过6个月的持续训练,阅读障碍儿童阅读流畅性得到显著提高,表现在图片命名速度提升、篇章阅读水平提高与书写能力提升等方面[46]。

但由于缺乏理论支持,运动训练在阅读障碍领域中的应用还比较少。运动训练是如何改善阅读这种高级认知功能的，尚不清楚。此外，运动训练效果如何迁移到阅读加工中，这是科学研究需要回答的问题。

e. 神经调控

随着神经调控技术的发展，一些可用于儿童认知功能提升的神经调控方法陆续被开发出来。神经调控是通过非侵入性脑刺激直接作用于相关脑神经通路，暂时性地调节神经活动，达到调控行为的目的。其中，经颅直流电刺激（transcranial direct current stimulation，tDCS）的技术已经用于阅读障碍的矫治。该技术利用恒定的、低强度直流电（1~2毫安）刺激大脑皮质神经元活动，可以有效提升阅读等认知能力。

一项研究发现，多次经颅直流电刺激（tDCS）对阅读障碍儿童和青少年都具有矫治效果。在这个案例中，26名阅读障碍儿童和青少年接受了每周3次，每次20分钟的刺激，一共持续了6周（共18次疗程）。电流刺激强度设置为1毫安，覆盖大脑颞顶叶区，并结合阅读认知训练。在治疗前后，以及治疗结束1个月和6个月后，测试了他们的阅读能力。结果发现，刺激结束后，阅读障碍儿童阅读效率显著提升。而且，这种训练效果能保持到治疗结束6个月后。同时，监测发现，儿童没有出现不良反应[47]。这说明tDCS是一种有效且安全的阅读障碍神经调控方法。

经颅交流电刺激（transcranial alternating current stimulation，tACS）是另一种神经调控的电刺激技术，通过给定的交流电从头皮传递到神经元，产生同步脑波震荡进而诱导突触活动改变，进而达到调节大脑功能与认知表现的目的。典型的tACS设置包括在头皮上应用电极，电极的位置和大小可以调整，以特定的大脑区域为目标。此外，交流电的参数可以根据频率、振幅、相位形状、相位定时以及刺激持续时间和次数来定制。刺激频率通常设置为脑电图频率，以调节与之相关的大脑活动过程。

一项研究采用tACS技术对15个成年阅读障碍者进行了干预。刺激进行了3次，参与者接受了三种条件刺激：10赫兹电刺激、60赫兹电刺激与一个伪刺激，刺激间隔至少10天。结果发现，刺激显著提高了阅读障碍者语音加工与阅读的准确性。重要的是，通过记录脑电反应发现，在刺激左侧听觉皮质时，右侧听觉皮质活动强度下降了。这说明，这种电刺激能够有效增强听觉皮质的脑活动，从而有效改善阅读障碍者的听觉加工缺陷[48]。

总之，这些新型技术为阅读障碍的矫治提供了一种全新的途径，它们的优势是见效快、效率高且无明显的不良反应。但是，这些技术对于年幼儿童的安全性、调控参数设置及长期效果方面，还需要进一步的科学验证。

（3）影响干预效果的因素

很多因素都可能影响阅读障碍矫治的效果。阅读障碍儿童存在很大的异质性，无论是拼音文字阅读障碍者还是汉语阅读障碍者，都存在多种亚类型。比如，一些阅读障碍者表现出语音加工缺陷，一些表现出视觉加工缺陷，一些可能二者都有。因此，阅读障碍矫治过程中，需要充分考虑个体差异，找到针对性的矫治方案，才能产生良好的矫治效果。

阅读障碍个体差异还表现在对训练方案的敏感性上。即使是同一种类型的阅读障碍，采用相同的训练方案，矫治效果也有较大的差异。这是因为，阅读障碍个体对训练任务或程序的敏感性不同。因此，需要找到合适的、敏感性强的训练任务，才能达到更佳的效果。

最后，训练时间对训练效果起着关键作用。训练时间包括训练持续的总时间、每次训练时间与训练间隔时间三个方面。对于认知训练而言，长时间积累是影响训练矫治效果的核心因素。因此，训练总时间一定要达到一定长度，形成训练累积的效应，才能有良好的训练效果。从科学的角度分析，训练至少要持续2个月以上，才能看到较好的效果。每次训练时间，需要考虑儿童耐受程度。如果训练时间太长，超过了儿童耐受程度，他们的训练动机会明显下降。对于低年龄段的儿童，一般每次训练不要超过25分钟。对于小学高年级儿童，每次训练也不要超过40分钟。最后是训练间隔时间。训练间隔通常不能太长。一般而言，一周训练频率至少为2次，很多的训练是每周进行3～5次。

汉语阅读障碍儿童的矫治

从2008年开始，我们课题组开始了对汉语阅读障碍的相关研究。每年，我们会开展大规模的阅读能力测试，从小学生中鉴别阅读障碍风险儿童，进行一系列的大脑与行为测试。最后，我们会鼓励其中一部分阅读障碍儿童参与我们的训练，以帮助他们在阅读方面尽量追赶上同龄儿童，避免他们在后续学习中因为阅读能力的缺陷导致整体学习成绩落后，甚至发展为学习障碍。我们课题组主要关注视觉大细胞通路和小脑运动这两个方面，下面给大家分享一个围绕这些能力的训练案例。

参与训练的是10名阅读障碍儿童，他们的年龄介于9~11岁，都来自北京一所中等水平的小学。阅读能力测试显示，这些儿童的识字量处于年级最后的7%，而瑞文智力测试结果显示，他们的智商处于中等以及中等偏上水平。这说明他们的阅读能力发展滞后，而基本认知能力良好。同时，注意力测试结果显示，他们并不存在注意缺陷多动障碍。最后，我们通过一系列的阅读技能测试，包括语音意识、字形意识、快速自动化命名等测试，进一步确定他们是阅读障碍者。

基于视觉大细胞通路与运动自动化理论，我们对这部分儿童进行了一系列针对性训练，包括一致性运动、视觉搜索与视觉追踪等训练。一致性运动知觉是视觉大细胞的重要功能。在训练中，给参与者呈现两个包含300个随机运动点的方阵，这些点按照7度/秒的方式运动。其中一个方阵的点全部随机运动，而另一个方阵中的部分点会按照一个方向运动。儿童需要判断哪一个方阵中出现了往一个方向一致性运动的点。开始时，由于一致性运动敏感性的缺陷，阅读障碍儿童在判断上出现困难。这个任务的难度是通过控制随机运动点和一致性运动点的比例来控制，一致性运动点的比例越高，就越容易判断。我们采用个性化的训练模式，在开始阶段，首先确定每个儿童自己的知觉阈值。随着他们训练成绩的提升，难度增加，一致性运动的点不断减少，儿童视觉运动敏感性不断提升。

视觉搜索任务与视觉追踪任务也是训练视觉大细胞通路的常用方法，主要进行眼动、物体定位与视觉空间注意等方面的训练。在视觉搜索训练中，给参与者呈现一张A4纸，要求他们在数字1~9的矩阵中，找到特定的数字，比如数字"3"。随着训练的进行，他们的速度越来越快。训练难度增加，则数字从少到多不断增加。这是一项非常容易操作的训练，不需要太多的专业知识，父母可以在家里自己训练。

视觉追踪任务包括静态训练和动态训练两种模式。在动态追踪任务中，参与者需要注视一个运动物体，追踪物体运动的方向，最后对它进行定位。静态追踪任务包括线条任务和迷宫任务。在线条任务中，参与者需要顺着多条连接线，找到与之连接的物体。在迷宫任务中,参与者需要通过迷宫的路线,找到迷宫的出口。每次训练中,静态追踪和动态追踪各进行12次。

这些儿童一共进行了5周的训练,每周2次,每次训练1小时。通过训练,他们的汉字阅读流畅性显著改善[49]。这一案例说明,针对视觉大细胞功能的训练对汉语阅读障碍的矫治作用十分明显。更为关键的是,这些训练简单易行,很多程序都可以制作成在线训练程序,在家也可以完成,大大提高了训练适用性,便于推广。

二 英语阅读障碍

之前谈到的阅读障碍,都是指母语阅读方面。但还有一种情况,有一部分人,他们在阅读母语的时候没有问题,但是在第二语言阅读过程中存在明显困难,表现出第二语言阅读障碍。英语是世界通行的一种语言,是大多数非英语国家的首选外语。在我国,有超过3900万的人把英语作为第二语言[50]。但是,目前大众对英语阅读障碍缺乏了解,一些存在英语阅读障碍的孩子被误认为不够聪明或者不够努力,父母没有给孩子科学的英语阅读矫治训练,而是给孩子打上了这些错误的标签。这不仅大大降低了这些孩子的英语学习动机,导致成绩下降,对身心健康也造成了负面影响。因此,我们有必要了解一下汉语儿童的英语阅读障碍。

1. 英语阅读障碍的诊断

与汉语阅读障碍的诊断类似,英语阅读障碍筛查一般包括英语拼写与阅读测试。同时,通过智力测试确认智力发展是否正常。拼写测试一般采用听写的形式,要求儿童听两遍单词后在答题纸上写下听到的单词。阅读测试中,一般选取课本中出现的单词,要求尽量准确地读出这些单词。另外一种英语阅读测试采用"阅读+语义判断"的形式:呈现单词,首先读出单词,然后从四个汉语解释词中选择单词对应的解释词。英语阅读障碍的诊断标准包括以下内容[51]。

> （1）智力测试分数正常，例如智力测试分数在85分以上；
> （2）英语拼写测试分数低于标准分，英语阅读测试分数低于同年级或同年龄段平均分；
> （3）注意能力正常，排除注意动作障碍。

但是，诊断英语阅读障碍其实是一件非常困难的事情。很多因素都可能导致外语阅读障碍，比如母语阅读水平、外语阅读加工能力或学习环境等。有些因素导致的外语学习障碍，并不是外语阅读障碍本身导致的问题。为了减少这种由于其他混淆因素导致的错误诊断，有研究者提出了一种动态测试的方法。在这种测试中，先教会受试者三个新的字母，然后要求他们用这三个字母整合出新的词语。这种测试实际是学习潜能测试，而不是当前水平测试，所以叫动态测试。这种测试符合阅读障碍的定义，即这是一种学习障碍，影响语言学习，能够减少把由于学习经验不足导致的外语阅读困难误认为是外语阅读障碍的风险[52]。

2．英语阅读障碍的大脑缺陷

英语阅读障碍者在语言加工和一般性执行加工方面都表现出异常。比如，有英语阅读障碍的汉语儿童在进行英语字母字形加工时，大脑左侧舌回区域激活不足；在完成英语字母押韵判断任务时，左侧角回区域的激活不足[51]。在英语押韵判断任务中，有英语阅读障碍的汉语儿童左侧额下回激活不足，反映语音加工的缺陷，这与母语阅读障碍存在共同机制[53]。这表明，有英语阅读障碍的汉语儿童在英语字形加工与语音-字形加工方面的大脑缺陷，与母语阅读障碍存在类似的神经基础。

除了语言加工方面，英语阅读障碍儿童在一般性执行加工方面也存在异常。英语阅读障碍儿童脑网络连接的灵活性与适应性较差[54]。在外语阅读加工中，母语信息也会自动被激活，因此需要抑制母语信息的自动加工。英语阅读障碍儿童脑功能网络灵活性下降，降低了他们执行抑制的能力，导致英语阅读困难。

那么，同时存在英语和汉语阅读障碍的儿童，他们的脑功能异常如何表现呢？一项研究招募了有阅读障碍的五年级小学生，测试发现，他们的英语和汉语阅读水平都处于年级平均水平1.5个标准差以下（年级后7%左右），说明他们是同时存在英语和汉语阅读障碍的儿童。大脑扫描发现，在完成汉语和英语押韵判断任务时，他们的左侧颞-枕叶区与左侧楔前叶的活动异常。这两个脑区同时参与汉语与英语的视觉空间加工，反映了一种普遍性阅读障碍脑功能异常。同时，研究也发现了语言特异的地方：左侧额下回的腹侧区域与英语阅读异常有关，而与汉语阅读异常无关。相反，左侧顶下小叶活动异常只与汉语阅读加工有关[55]。可以看出，汉语和英语阅读障碍即使发生在同一个人身上，大脑机制也可能存在差异。对于不同语言阅读障碍的诊断和矫治，需要充分考虑语言文化的差异。

3. 英语阅读障碍的矫治

（1）语音加工能力训练

语音解码是拼音文字阅读加工的核心过程。因此，对于存在英语阅读困难的汉语儿童而言，语音训练是最重要的训练方式。可以通过常规教学或游戏方式，巩固基础性的语音知识，比如英语语音知识。在具体训练中，训练师会教儿童英文字母或字母串发音，以及这些字母串在单词中的发音。例如，训练儿童快速识别26个英语字母。在字母组合训练中，教他们学习不同字母串的发音，以及这些字母串在单词中的发音。比如，学习"apple"这个单词，先教儿童学习"ap"和"ple"这两个字母串的发音。此外，语音意识训练是一个重要的方面。训练中，要求儿童识别、分割和混合音节、首音和音素等不同层次的语音信息。在音节分割训练中，教儿童根据发音规则把一个单词按照音节分开，例如把"car"分为"c"和"ar"两个部分。在音素混合训练中，训练师逐个说出字母，让儿童猜测听到的单词是什么，比如逐个说出"p-e-n"三个字母，让儿童说出"pen"这个单词。首音意识训练是通过提高儿童识别首音的能力，促进其单词解码能力。比如，让儿童标记出"banana"这个单词中的首音部分"ba"。

在一个训练案例中，有英语阅读障碍的汉语儿童进行了10小时的上述语音能力训练，一周训练3次，每次训练约1小时。结果显示，英语阅读障碍儿童在英语语音意识、字母和音节知识、词语与非词语阅读方面都有显著的改善。而且，这种语音训练也同时提高了语音记忆能力。

常规英语教学过程缺乏针对语音意识的训练，一般都注重词语、句子阅读与朗读背诵等方面的训练。因此，学校学习无法针对性地提升儿童英语语音意识，尤其那些存在英语阅读障碍风险的儿童。在以后英语训练和教育培养过程中，需要提供一些专门性的语音训练项目，帮助那些存在英语阅读障碍的汉语儿童学习英语。

（2）音乐训练

音乐训练可以帮助我们学习第二语言，这一现象在多种语言中都有发现。那么，音乐训练能否促进汉语儿童的英语学习呢？有报道显示，以汉语为母语的音乐家能够很好地完成英语字母–语音匹配任务，表现得比非音乐家好很多，尽管二者的英语流利度相同。而且，音乐家在字形–语音同步与不同步的情况下，都能很快完成形–音整合。这说明，音乐训练经验能提高英语阅读中形–音整合的加工能力[56]。

音乐训练可以通过两种方式促进英语阅读能力的提升。一种是自下而上的方式。音乐和语言有一些共同的语音属性，包括语调、强度、频率与时间等。因此，音乐训练可以提高声音知觉能力，从而帮助学习者提高字母–声音匹配能力，拥有这种匹配能力是英语阅读的重要前提。另一种是自上而下的方式。音乐训练也可以通过自上而下的方式促进英语阅读中的形–音整合。音乐训练中，高水平认知能力也广泛参与，比如工作记忆和注意力，这两个方面能力的提升反作用于基本的视觉与听觉加工，最终提升视–听整合能力。

对英语阅读困难的儿童而言，音乐训练可能是一种较好的间接策略。尽管这是一种间接方式，但对英语阅读障碍儿童而言，或许是一种更好的方式。因为存在英语阅读障碍，在英语学习中有大量失败的体验，这些儿童对英语学习产生抗拒与厌恶的态度。因此，直接的英语训练不能激起他们的参与兴趣和学习动机。

而音乐训练是一种比较放松的方式，可以让他们在更加轻松的环境下，逐步提高英语阅读所需要的相关能力，可能更容易激起他们的学习兴趣，让他们长期坚持下去，达到更好的矫治效果。

三 特定型语言障碍

栋栋是一个7岁的小男孩，刚刚进入小学一年级。爸爸妈妈看着他顺利进入小学，开启一个新的阶段，都非常高兴。但在高兴的同时，爸爸妈妈也有一丝担忧：进入小学的正规学习，栋栋能不能跟上学习进度，会不会成为落后学生？为什么会有这种担忧呢？因为栋栋在语言方面的发展比同龄孩子更慢。比如，尽管现在栋栋已经7岁了，但仍然倾向于使用一些简单的语言进行口语表达，或者用一些短小的、不符合语法规则的句子表达意义。例如，当他想要一个玩具时，他可能就说一个简单的"要"，或随意的词语组合"玩具我要"。如果要求栋栋使用玩具来表达一句话的意义："一个小男孩正在被狗追赶"，他会分不清谁对谁做了什么。栋栋也去儿童发育门诊进行了智力、生理检查，检查结果显示栋栋在这些方面发育正常。

实际上，栋栋的这种表现可能受到一种语言障碍的困扰，叫特定型语言障碍（specific language impairment, SLI）。这种语言障碍的发生原因尚不清楚，其严重程度和表现特征各不相同，可能表现在语言理解和语言产生等各个方面。

1. 特定型语言障碍的定义与表现

特定型语言障碍是一种儿童期典型的发展障碍，表现为口语能力发展延迟。特定型语言障碍儿童通常在表达性或理解性语言测试中得分处于最低的10%。这种语言障碍不是由于智力缺陷、一般感知觉缺陷或脑损伤造成。与阅读障碍的发生率类似，特定型语言障碍影响3%~10%的儿童[57]。在临床实践中，常用量表对汉语儿童的特定型语言障碍进行诊断，比如《学前儿童语言障碍评量表》就是诊断中的常用量表[58]。

SLI在不同的阶段表现出不同的语言加工障碍，主要包括如下方面：

（1）开始说话的时间推迟，儿童的第一句话可能要到2岁或以后才出现；

（2）发音不成熟或不正常，特别是在学龄前阶段，经常说出一些口齿不清的词；

（3）使用简单的语句进行表达，说话时经常犯语法错误，如省略结尾或助词"是"；

（4）词汇量很低，包括口语产生和理解的词汇量；

（5）言语短期记忆差，在重复单词或句子的任务中表现差；

（6）难以理解复杂的语言结构，特别是当说话者的语速较快时；

（7）迟迟不能将单个词语连成完整的句子，用单个词语代替完整句子；

（8）讲故事和写作文缺乏条理性，组织混乱；

（9）学习新词和进行对话时很费劲；

（10）难以找到正确的词语进行口语或书面语表达，经常出现说话断断续续、不连贯的情况；

（11）难以理解比喻性等修辞性的语言表达；

（12）频繁出现语法和拼写错误。

2. 特定型语言障碍与发展性阅读障碍

SLI与阅读障碍表现出很多类似之处。有阅读障碍风险的儿童，他们早期的口语能力发展容易发生延迟。而口语能力发展延迟又是SLI的重要特征。年龄稍大的阅读障碍儿童经常表现出口语障碍，这与他们的读写能力并不存在直接联系，是一种SLI的特征。在认知表现上，SLI儿童表现出明显的语音加工缺陷，而这种缺陷又是阅读障碍的核心症状。因此，现在有一种趋势是把这两种语言障碍合并诊断，或者把这两种语言障碍作为语音缺陷中不同程度的障碍。

但是，有学者认为，不能把SLI和阅读障碍简单看成一个语音缺陷维度上的不同表现。实际上，SLI可能是一种双重缺陷，包括语音障碍，也包括非语音障碍。很多SLI儿童表现出语义加工或者理解方面的障碍，而不是仅限于语音加工的障碍。此外，SLI儿童也表现出一些语用方面的障碍。他们常常无法将话题维持下去。同时，他们无法提供适当、足够的谈话信息，很难主动开启话题，也无法在倾听和表达之间进行流畅切换。当与他人沟通时，他们常常需要不断重复交谈内容才能将沟通维持下去。而阅读障碍儿童的语用能力缺陷不是一个典型症状，这是两种语言障碍的重要区别。

3. 特定型语言障碍的发生原因

（1）认知与语言缺陷

一种观点认为，语音短时记忆缺陷是造成SLI的重要因素。语音短时记忆指短时间内保存语音信息的能力。语音短时记忆一般采用语音重复的方式进行测量，包括重复语音序列或数字序列。测试发现，SLI儿童在语音短时记忆任务中的表现非常差。尽管他们能准确地说出单个语音或数字，但是随着需要记忆的数量的增加，他们的表现会迅速下降。但是有一些学者认为，SLI的语音记忆缺陷可能根植于基本听觉加工缺陷，比如听觉快速加工能力缺陷。

语法加工能力缺陷是SLI的一个核心缺陷。英语SLI儿童常常省略时态标记，如过去式-ed或第三人称单数-s，还错误地使用代词（如用"him go there"，而不是"he goes there"）。汉语SLI儿童语法能力缺陷的典型表现是动词使用减少，应用动词能力比同龄儿童差。

SLI儿童在口语叙事上也表现出明显困难。叙事能力是一种高级认知与语言加工能力，不仅涉及单个词语加工，还需要理解句子，把句子意思串联起来，涉及复杂的推理加工。有研究者追踪了4~6岁汉语SLI儿童的叙事能力发展，发现他们在叙述结构、观点、顺序及特异性运用等四个方面均落后于同龄儿童，表现出叙述较短、结构不完整及讲述中有较多非常规结语等。而且，追踪发现，这种落后可能是持续性的[59]。

（2）生理机制

早期观点认为，SLI是由于环境不良造成的，比如父母养育问题。还有观点认为，这种障碍可能由生理器质性损伤所导致，比如在出生时出现某种脑损伤，或在儿童早期反复出现耳病。然而，这些假设都没有得到实验证据的支持。相反，越来越多的证据指向了基因因素。但是，作为一种高级认知能力的缺陷，SLI不是与一个单一基因关联。基因关联分析发现，染色体16和19号位点与SLI存在关联，这些基因位点主要与非词重复和表达能力两个方面的缺陷有关[60]。需要注意的是，SLI的行为缺陷也是多重的，一些行为障碍可能具有遗传基础，而另外一些可能不具有遗传基础，是由成长环境导致。比如，双生子研究发现，SLI语音工作记忆缺陷具有遗传基础，而单纯听觉加工障碍不具有遗传基础。

大脑结构和功能异常也是SLI发生的原因。脑成像扫描发现，额叶（包括额下回、额中回等）与颞叶语言脑区的结构与功能异常与SLI有关。同时，也有研究显示皮下脑区，包括小脑异常，与SLI有关，但目前还没有得出比较一致的结论。而且，这些大脑结构与功能的异常在阅读障碍者身上也有发现。因此，还需要对不同类型的SLI背后的特异性脑神经基础进行深入研究。

4．如何应对特定型语言障碍——"游戏训练"

SLI的治疗通常由专业言语病理学家提供并全程监督。治疗可以在家庭、学校、诊所或医院门诊进行。早期识别和治疗的效果最为理想。

（1）语音能力训练

语音记忆的缺陷是SLI儿童的核心症状，语音记忆训练是一项常用的矫治策略。在日常生活中，可以把语音记忆训练融入儿童喜欢的游戏中，以矫治语音记忆，最终帮助儿童克服语言发展障碍。言语治疗专家推荐了一些非常好的训练小游戏[61]。

a."小小信使"

这是一个通过传递语音信息训练语音知觉与记忆的游戏。生活中有很多传递语音信息的情境。比如，在家里，爸爸在一个房间说一句："今天我们的早餐要喝豆浆"，或者一串无意义数字"384923"，然后让孩子把信息传给在另外一个房间的妈妈。这里的句子或数字的长度对年幼儿童来讲已经比较长了，是一个比较有挑战性的语音记忆任务。如果孩子在3岁以下，可以适当降低难度，把句子或数字的长度缩短。

在这个游戏中，孩子需要把语音信息先存储起来，在短时间内快速传递出去，中间涉及短时记忆过程。这个游戏可以有很多变式，随着孩子语音记忆能力的增强，可以把记忆材料换成人名、地名、物体名甚至是短篇故事。

b."卡片记忆竞赛"

游戏过程中，准备两套卡片，卡片上有26个英文字母。游戏开始前，老师或父母拿一套卡片，孩子拿一套卡片。游戏开始后，老师或父母从手里的一套卡片中抽出不同数量的卡片，抽出数量从少到多增加。老师或父母把抽出来的卡片按照从左到右的顺序放到桌子上，让孩子记忆这些卡片上的字母；然后，收起卡片，要求孩子从自己手里的卡片中抽出刚刚看到的卡片，按照顺序摆放出来。如果一开始孩子还不能完全按照顺序摆放，可以先不要求顺序，只要求把刚刚看到的卡片全部找出来。

在游戏过程中，字母信息首先被呈现，孩子需要短时存储这些信息。因为卡片上是可以命名的字母，所以这些文字符号就会被转换成语音信号，变成语音记忆。当需要按照顺序摆放卡片时，对语音短时记忆形成一定挑战，可以训练孩子的语音记忆能力。

c."我是餐厅老板"

该训练的情境设置为餐厅。让孩子扮演餐厅老板，负责给客人点菜，由父母扮演客人，负责点菜。当客人说出菜名以后，孩子需要记下客人点的菜，然后告诉扮演厨师的父母。游戏的过程中，从点1~2个菜开始，慢慢增加难度，直到孩子完全不能记下来为止。餐厅是一个孩子熟悉的情境，菜名也是意义丰富且非常熟悉的词汇。在训练的过程中，孩子以语音的形式存储信息，达到训练语音记忆的目的。

（2）语法能力训练

语法加工能力缺陷也是SLI儿童的一个典型表现。语法能力得到提升，句子加工的长度与复杂度就能随之增加。进行语法能力训练可以开展以下游戏活动。

a."换说法"

这个游戏的目的是帮助儿童理解句子语法结构。常用训练方式是主动句与被动句的转换。老师先举例说明，解释游戏规则。比如，先说出一个句子："皮球打到了我"，然后要求孩子说出一个意思一样的句子。先让孩子思考，然后老师给出答案："我被皮球打到了。"这个时候，再让孩子思考刚刚说的两句话的意思是否一样。孩子给出答案以后，老师解释其中的原理：这是两个语法结构不同的句子，一个是主动句，一个是被动句，但是表达的意思一样。孩子理解了这个规则以后，游戏正式开始。在游戏过程中，如果孩子无法完成，老师可以先给出答案。这个游戏需要具备一些基础的语言知识，尤其是词句方面的积累，至少要保证孩子能够理解句子的意思，因此更适合年龄较大的儿童。

b."词语接龙"

这个游戏是通过词语联想的方式提高造句能力。在游戏准备阶段，训练师需要准备一些人物、时间、地点和动作等的词语卡片。游戏开始后，训练师把这些卡片放到一个盒子里，让孩子从中抽出词语卡片，用这张卡片上的词语造一个句子或短语。如果孩子的答案不符合语法规则，或有语义错误，训练师要及时指出来，并给予纠正。

c."扩句子"

这是一项提高长句子理解能力的训练。训练过程中，训练师拿出一张关于某个物体的图片（如画有一件外套的图片），跟孩子一起来描述图片上的物体。开始时，训练师先说出一个简单的、较短的句子，然后让孩子不断扩展这个句子。比如，开始说"我有一件外套"，然后孩子接下去："我有一件黑色外套"，再继续扩展："我有一件长长的黑色外套"。这项训练可以基于不同的词语类别进行设计。在扩展过程中，不断加入数量词、形容词与副词等，增加句子的长度，直到无法再增加为止。

d."词语归类"

这个游戏活动主要是帮助儿童建立词语类别的概念。训练材料可以选择不同类别的词语，如名词、动词、形容词、副词、量词等。作为主语的名词有"你、我、他们、你们、叔叔、老师、牙齿、窗户、铅笔"等。作为谓语的动词有"吃、喝、穿、拉、洗、买、看"等。作为定语的形容词有"白白的、长长的、快乐的、快速的"等。训练过程中，训练师先让孩子在不同的类别中选取词语，然后按照语法规则组合成句子或短语。如果孩子选出来的词语组合成的句子不符合语法规则或有语义错误，可让其重新选择词语，重新说出句子，一直到其选择的词语可以串联成语义和语法都合理的句子为止。如果孩子是年幼儿童，可以使用图片替代文字。

(3) 语用能力训练

a. 语用前设训练。"语用前设"是指在人际沟通中，参与沟通的交谈者在说话时会考虑听者理解话语所需要的各种信息，提供语言背景信息或调整自己提供的语言背景信息，增加语言的可理解性。进行语用能力训练可以开展以下游戏活动。

"我的图怎么不一样"。这是一种通过图画描述的方式培养儿童语用能力的训练。在训练过程中，老师可以先拿出一张图片，然后描述图片内容。孩子需要重复老师的描述。描述完以后，老师需要转移孩子的注意，同时迅速换上另一张图片。这张图片跟刚刚看到的图片内容大致相同，但是有一定改动（删掉或凸显某些部分）。当孩子再次进行描述时，因为图片换了，就缺少了视觉线索的帮助。这个时候，孩子需要应用刚刚老师描述中的语用前设，斟酌现在的给定信息能否提供足够的说明。

举个例子，老师提供的图片内容为"龟兔赛跑"的故事，其中狐狸当裁判。

老师在描述的时候，也会提到裁判的部分。但是，当孩子再次拿到图片时，这只狐狸已经被删掉了。这时候，孩子就必须思考老师是否知道狐狸当裁判的信息，在复述故事的时候，需要斟酌是否需要介绍狐狸，即使现在的图片中已经没有狐狸了。这就是语用前设情境的锻炼，帮助孩子在不同的语境下使沟通顺利进行下去。

"你说我猜"。这是一种沟通训练游戏。训练中，设置一个屏障放在桌上，把老师和孩子分开。老师和孩子的桌上都有一本相同的教材，老师和孩子隔着屏障进行交谈。一方提供解释、说明或指示，另一方则听从指示做出一些回应与动作。老师会叙述其隔着屏障正在做的事情，并要求孩子跟着做。老师和孩子之间的沟通缺乏视觉线索，因而需要考虑他们之间沟通的信息是否适当，也就是语用前设的信息是否充分。在此过程中，可以提高孩子的交流技能。

"玩偶游戏"。这个游戏需要两个小玩偶作为道具，还需要一些可以引发孩子提问的图片卡（例如冰激凌、玩具、动画片的图片）。游戏中，老师可以将两个玩偶拿出来，然后告诉孩子这两个玩偶一个是给他的，名字叫东东；另一个玩偶是老师的，名字叫妞妞。老师接着说："你的东东看起来好像不敢和我的妞妞说话，但是老师很想知道他们说什么。我把东东要说的话说出来，你再躲在东东后面，对我的妞妞说话。"老师接着拿出卡片，对孩子说："你看，这儿有个冰激凌，你可以帮东东问问妞妞，她喜不喜欢吃冰激凌。"这时，老师可以找机会再继续问一些有关冰激凌的问题，如什么地方可以买到冰激凌、平时爸爸妈妈让不让吃冰激凌等问题。

在这个游戏中，老师需要引导孩子自己提出更多的问题，例如"是""不是""哪里""谁"等简单的问题，并鼓励孩子问问题，比如"妞妞，你住在哪里"。将玩偶作为依托，能够帮助孩子克服害羞心理，进行更多语言交流和沟通，尤其是自己主动问问题。

"打电话"。打电话是一种普遍的沟通场景，3岁以上的儿童已经能够用电话与人沟通。"打电话"训练是利用这种沟通场景，训练儿童主动展开话题的能力。在训练中，训练师设置不同的场景，要求孩子打电话询问一些信息。例如，可以设置一个场景，让孩子打电话给一个电脑公司，询问电脑售后服务如何进行，询问时间、地点、收费情况等问题。

b. 说-听轮替训练。语言沟通交流进行的基础是说和听的轮换交替，SLI儿童常常缺乏这种轮替的敏感性，无法在合适的时机做出适当反应，常常出现抢话或冷场的情况。针对这种沟通中的轮替问题，专家建议可以进行下面的一些针对性训练。

"物品传递"。这个游戏的目的是培养儿童在交流沟通中的等待意识。游戏需要一些道具，如皮球、书本或铅笔等。游戏很简单，就是把物品从一个人那儿传给另外一个人。在游戏过程中，训练师故意进行一些拖延，让孩子等待物品传给他，培养孩子建立"等待"的意识。这种等待意识是口语交流能顺畅进行的重要基础。

"你一句，我一句"。这个游戏训练沟通中的衔接性。老师选择一些儿歌或古诗等材料，与孩子一起说唱。在熟悉以后，改变方式，变成分工进行。老师说唱完一句或一段之后，孩子接下来说唱，然后由老师说唱，这样轮换进行下去。这项游戏训练可以提高语音衔接的流畅性。

"对讲机"。这个游戏是运用对讲机的原理，训练儿童口语交流中的轮换意识。游戏中，训练师和孩子扮演警察抓小偷，他们手上各拿一个对讲机道具。对话的时候，需要按下对讲机上的一个按钮才能把声音传出去，而且只能有一方发出声音。这就帮助孩子建立了对话交流中轮替的敏感性。

小结

需要注意的是，无论从何时开始矫治训练，儿童都能对矫治产生良好反应。矫治在不同年龄阶段有不同的侧重点。在婴幼儿阶段，可以从以下三个方面努力：掌握缺失的语法元素、加强对单词的理解和发展社会交流技能。对于学龄儿童，矫治的重点是理解课堂上的教学语言，帮助解决以下问题：（1）听从老师指导；（2）理解老师使用词语的含义；（3）学会用语言组织信息；（4）提高口语、阅读和写作能力。而成年进入工作环境后，需要学习工作相关词汇，提高工作场合的阅读和写作技巧。

四 发展性口吃

"国王的演讲"

获得四项奥斯卡大奖的电影《国王的演讲》讲述了一个严重口吃者如何战胜自我的故事。电影中的阿尔伯特王子是国王乔治五世的第二个儿子,他是一个口吃者。由于他哥哥放弃了王位继承权,他临危受命成为王位继承者。但是,问题随之而来。作为国王,他必须当众发表演讲。对于一个口吃者,这是一项基本无法完成的任务。幸运的是,他的妻子伊丽莎白一直努力帮助他,到处寻访名医,但传统方法治疗效果不佳。一次偶然机会,他们找到了言语治疗师莱纳尔·罗格。通过双方共同努力,阿尔伯特终于克服了自身的语言和心理障碍,能够流利地说话。影片结尾,他发表了著名的圣诞演讲,鼓舞了当时二战中的英国军民。

这部电影的结尾让人欣慰和备受鼓舞,也燃起了很多口吃者的希望。实际上,到了成年阶段,口吃矫治是非常困难的。相反,口吃问题在儿童阶段如果能得到足够重视,矫治的效果会好很多。

1. 口吃的定义

根据世界卫生组织的定义,口吃是一种言语节律障碍,指说话过程中,虽然有明确希望表达的意思,却出现不随意的发音重复、延长或停顿。正如《国王的演讲》所描绘的,口吃不仅严重阻碍了人际交流,还给口吃者的生活、工作、学习和社会适应等方面都带来极大的困扰。口吃在成年人中发生率约1%，在儿童中发生率约5%。口吃多在2.5~3岁出现，男孩发生比例是女孩的2倍。儿童期出现的口吃如果得不到及时矫正，可能会持续终身。

2. 口吃的表现及早期诊断

口吃外在行为表现比较明显，典型症状包括发音的重复、延迟和中断。在说话时，尤其开头阶段，容易观察到重复的情况，比如："我、我、我今天……"。说话中断也是口吃的典型表现，严重的口吃者说话中断时间可以长达10秒以上。

在咨询或治疗口吃前，需先确认是否是真正的口吃。治疗师应该评估言语不流畅程度和说话中断的类型。总体上，如果在说话情境中，儿童每100个字中有5次说话中断，就应该引起注意。同时，需要辨别出是何种类型的言语不顺畅，由此推测口吃发展程度。口吃发展有阶段性和层次性，从规律的重复、音调上升至逃避行为出现为止，各有明显的特点。

治疗师也应该评估言语不流畅儿童的动作、言语发音技能、听觉技能和语言水平。在评估诊断中，最重要的是与父母面谈，了解他们如何帮助儿童说话以及儿童有什么反应等。其次可以观察亲子关系，从幼儿园或小学老师那里收集儿童在学校的表现。多数情况下，口吃早期诊断通过收集治疗师、父母或重要他人的意见来进行诊断。

治疗师需要知道在什么时候对口吃者进行言语治疗，这一点至关重要。如果一个儿童在四年内口吃超过3个月，并表现出口吃时的紧张或挣扎行为，就需要进行矫治。

3. 口吃的发生原因

口吃的发生跟很多因素有关，但究竟根本原因是什么，目前尚不清楚。

(1) 运动系统异常

由于口吃主要表现为发声或构音方面的运动协调问题，口吃被认为是一种纯粹运动障碍。尤其是在情绪紧张时，口吃者言语运动协调性更差，出现喉部拮抗、发声启动慢等问题。在一些非言语运动中，口吃者也会表现出异常。例如，口吃者在手指顺序敲击任务中，运动速度更慢[62]。因此，一般性运动功能异常是口吃发生的重要原因。

(2) 听觉系统异常

听觉障碍被认为是口吃发生的一个重要原因。我们说话时，说话的声音会通过空气传导或骨传导的方式传到耳朵里，这叫听觉反馈。听觉反馈对保证说话的流畅性十分重要。一般而言，听觉反馈有一定的延迟。但是，口吃者听觉反馈时间比正常的延迟要长，导致听觉反馈无法提供正常的信息来帮助口吃者监控和调整自己的说话过程，使言语变得不流畅。其实，即使是正常人，如果把听觉反馈时间拉长，也会发生口吃现象[63]。因此，听觉反馈异常被认为是口吃发生的重要原因。

(3) 语言计划缺陷

尽管口吃是一种言语运动障碍，但口吃的发生也受到语言因素的影响[64]。一种观点认为，语言计划缺陷是口吃的真正原因，而运动症状是语言计划失败导致的结果。比如，内在修正假说认为，言语加工中存在监控机制，不断对错误语音进行及时修正。口吃者语音编码系统受损，引发监控机制发出错误信号，不断进行口语的修复，阻碍了正常的发音运动程序的进行，导致言语不流畅[65]。同样，EXPLAN理论认为，由于语言计划没有提供及时、正确的语音输入到运动执行加工系统，导致言语不流畅[66]。

(4) 心理因素

有趣的是，口吃者自己单独说话时口吃很少发生，但在公众场合说话时口吃严重。如果把口吃单纯归因于生理或认知缺陷，就无法解释口吃发生的情境性。

这说明，口吃的发生与心理因素也有关。心理障碍，比如焦虑，可能是口吃发生的重要因素。

关于口吃者的焦虑问题，我们进行过系统的研究。通过问卷调查，我们发现口吃者的焦虑水平要显著高于正常人。随后，采用脑成像技术，我们观察了口吃者焦虑神经环路。结果发现，在说话的时候，口吃者右侧杏仁核与前额叶、岛叶的连接异常活跃。而且，即使在不做任何事情的安静状态下，口吃者右侧海马体与左侧前额皮质以及运动皮质的连接也异常活跃。杏仁核与海马体都是皮质下的情绪神经环路，而前额皮质负责情绪调控[67]。我们认为，口吃者焦虑神经环路一直处于一个比较高的水平，影响了口语流畅度，加重了口吃的症状。

4．口吃相关脑神经异常

近年来，随着脑成像技术的发展，研究者试图通过探查大脑活动去探寻口吃根源，期待在脑科学研究指导下，研发更为有效的口吃矫正方法。

脑功能研究发现，言语产生任务中，口吃者运动区（初级运动区、运动前区、辅助运动区与小脑）的活动异常活跃，而听觉皮质活动不足[68-70]，反映了口吃者运动与听觉反馈的异常神经基础。此外，口吃者在口语产生时，额下回、岛叶也常常表现出活动异常[68, 71-73]。口吃者脑区活动异常一般表现为右脑高激活与左脑低激活，右脑异常活动被认为是代偿左侧语言运动区的功能缺陷[68-73]。

除了口语产生加工中的缺陷，研究还发现，在语音工作记忆任务中，口吃者也表现出脑活动异常。口吃者在完成语音工作记忆任务时，右侧额下回出现过度激活，这可能反映出他们进行了更多的抑制加工，最终影响了语音计划，导致口吃的出现。此外，口吃者皮质下基底神经节与小脑在言语产生中也表现出活动异常[73-75]。

口吃的脑机制还包括脑功能整合缺陷。研究发现了多个与口吃发生相关的神经连接通路[76-80]。这些脑科学研究提示我们，口吃的发生不是单一机制起作用，可能是大脑多个神经系统异常导致的综合结果。

5. 口吃的治疗

口吃治疗可以从两个角度开展。

一是直接治疗，指对口吃者本人进行治疗。直接治疗一般由专业人士主导进行。一些方法具有明显的疗效，比如调控说话速度、增加交谈中轮换停顿时间等，帮助口吃者完成说话任务而中途不受干扰。直接治疗适用于以下情况。

> （1）口吃者自己意识到了口吃症状；
> （2）明显感受到口吃带来困扰；
> （3）表现出一些由于口吃导致的连锁反应，比如焦虑水平提高。

二是通过改善环境进行间接治疗。这种治疗着眼于患者的生活环境，而不是患者自己。这种治疗通过改变环境和改变周边人的说话方式，促进口语的流畅性。间接治疗指向儿童态度、感受、恐惧情绪与日常生活交流环境，降低口吃发生率。间接治疗适用于以下情况。

> （1）口吃者自己尚未意识到口吃发生；
> （2）日常生活中的交流还没有被口吃症状严重影响。

对于学龄前儿童而言，口吃矫治效果如何，父母参与情况是关键。对父母的干预涉及两个方面：一是对口吃的一般性知识与孩子以及他们自己心理感受的了解，二是当孩子出现和不出现口吃时父母的行为表现。有时候，一些父母对于孩子口吃表现出极度关注，情绪上表现出明显厌恶，这给口吃儿童带来非常大的压力。这种压力导致的后果是口吃症状越来越严重。有一种观点认为，口吃其实是父母注意力过于集中在孩子偶尔出现的口吃症状上，导致这种偶尔出现的口吃症状被放大，变成习惯性口吃。

一般而言，孩子出现口吃症状，父母最好不要苛责孩子，也不要刻意要求孩子减慢说话速度，以避免说出容易导致口吃的那些词语。这是因为，父母打断孩子说话这个过程本身就是加重口吃的重要因素。因此，学龄前儿童的口吃治疗中，对父母进行口吃相关知识的普及，告诉父母如何帮助孩子流畅地说话，就显得非常重要。

最好的方式是把基于儿童的直接治疗与针对环境（父母）的间接治疗结合起来。对儿童的治疗能够直接降低口吃发生频率，而对父母的治疗是帮助父母建立治疗的期待和目标。口吃治疗中，参与治疗的人数不要超过5人，这样才能让言语治疗师更好地照顾到每个成员。

（1）语言行为治疗

a. 语音重复训练

矫治语音问题是口吃矫治的关键。针对语音的矫治，一般进行多个层面的训练。在一个汉语口吃的案例中，矫治专家设置了涵盖音位、音节与词语三个层面的训练。一种训练是词语重复。训练过程中，口吃者听到两个字的词语，然后出声重复这些听到的词语。接下来，给口吃者呈现两个字的拼音，要求他们大声读出这些拼音。这种训练是为了提高口吃者的汉语语音意识。训练过程中，没有时间限制。每天训练结束后，口吃者会听到他们的训练录音，并与训练师一起讨论训练中的表现。此外，口吃者被要求在日常生活中使用训练的词语。在训练开始阶段，口吃者说话速度会变慢，随着训练的持续，说话速度能回到正常水平[81]。测试发现，语音训练不仅使口吃事件减少，与言语产生有关的脑功能区（左侧额下回/岛叶）的活动水平[81]与小脑功能的连接也得到增强[82]。这表明，语音训练减少了口吃症状，还对大脑功能具有明显的重塑效果。

b. 利德科姆疗法（The Lidcombe Program）

这是澳大利亚悉尼大学研究者研发的一种父母导向的间接训练疗法，针对学龄前儿童（6岁之前），在孩子的日常生活环境中进行。父母每周拜访言语治疗师，学习如何进行治疗。在探访中，治疗师演示各种与治疗相关的内容，观察父母治疗进行的情况，向父母反馈治疗情况。这种培训非常重要，因为治疗师需要确保父母参与治疗过程是适当的,对孩子和家庭来说是一种积极的体验。

父母需要学习如何对孩子的语言情况进行评论,这种评论要采用积极和鼓励的语言。而且,父母并不是一直对孩子的语言情况进行评论,而是选择特定时间进行整体反馈。除了要学会如何有效地给予反馈,父母还要学会衡量孩子每天口吃发生的情况。比如,用0~9分量表打分。在每次就诊时,治疗师和父母都会讨论上一周口吃严重程度的评分,以了解治疗效果,确保治疗正常进行。这种疗法包括两个训练阶段。

在第一阶段,父母每天进行治疗,父母和孩子每周进行一次语言诊断。这种情况一直持续到口吃消失或达到一个极低的水平。当孩子口吃发生频率明显下降时,开始进入第二阶段的训练。这个时候,父母和孩子参加训练的频率下降,训练强度降低。第二阶段,或称维持阶段,大约持续一年。第二阶段的目的是使口吃不再复发。在第二阶段,父母反馈次数会减少,就诊次数也会减少,但前提是口吃发生频率保持在第二阶段开始时的低水平。维持阶段同样至关重要,因为口吃可能在治疗成功后再次复发。所有孩子和家庭都是不同的,治疗师在监督治疗时也会考虑到这一点。

这种疗法不需要程序化指导,也不需要儿童改变他们的说话方式,因此非常适合于治疗学龄前儿童的口吃。但是,这种疗法治疗周期的个体差异较大,有的11次治疗后才看到疗效,也有的16次治疗后才看到疗效[83]。因此,虽然利德科姆疗法治疗指南中规定了治疗的基本流程,但实施方式要根据每个孩子和家庭的情况进行个性化调整。

c. 改变听觉反馈

前面我们提到了口吃者的听觉反馈异常,科学家据此研发了针对听觉反馈的矫治方案。改变听觉反馈是指通过一些技术手段改变言语反馈信号,让说话者听到改变后的声音反馈信号。这种改变包括多种形式,比如延长声音、改变频率或掩蔽听觉反馈等。延长听觉反馈是最为常用的方法,如把反馈声音通达的时间延长10~50毫秒,这导致的直接结果是说话速度减慢,可以减慢到40个词/分。此外,改变反馈声音频率也是一种常用方法。通过升高或降低反馈声音频率,可以降低口吃发生频率。声音掩蔽是通过耳机或其他电子设备对听觉反馈中的噪声进行掩蔽，提高反馈声音的质量，达到降低口吃发生频率的目的。当然，不同方法适用于什么样的口吃者，与年龄、性别、口吃特征等个体差异因素有关。

d．流畅性规则训练项目（Fluency Rules Program）

流畅性规则训练适用于学龄前和学龄儿童。最初，该训练项目被命名为"良好语言规则训练"，包括10条帮助提高口语流畅度的规则，后来该训练项目被扩展为三个部分：普遍规则、首要规则和次要规则[84]。

普遍规则是对所有口吃儿童都适用的规则。第一，减慢说话速度。减慢语速能让儿童更好地监测他们的口语，达到口吃预警的效果。第二，每个词只说一次，减少重复词语的比例。第三，话语要简短，尽量减少说话时声音延长的问题。

当儿童已经出现一些口语发音困难时，需要进行首要规则训练，包括调整言语呼吸和保持声音平稳。言语呼吸是指说话时的呼吸状态，口吃者需要训练说话时的呼吸。此外，口吃者还需要学习声带如何平稳运动，让说话启动更加容易。

当出现较多的口吃症状时，需要增加次要规则训练。次要规则训练包括采用言语帮助系统来说话。这种言语帮助系统是用卡通角色展示说话时发音器官的运动方式，包括舌头、嘴和牙齿。口吃者通过观察，学习这些角色的发音方式，提高口语流畅度。

e．呼吸训练

呼吸训练帮助口吃者意识到口吃状态下的呼吸状态。通过呼吸训练，口吃者学习如何通过调节说话时的气流来中止或预防口吃发生[85]。呼吸训练包括口吃意识训练、放松训练、动机训练与泛化训练。呼吸训练是一种有效提高口语流畅度的训练方法，对口吃儿童和成人都有明显的效果。而且研究发现，这种训练在减少口吃发生的同时，并没有减慢说话速度[86]。相对于其他训练方法，呼吸训练是一种操作性比较强的方法，不需要太多复杂的程序，也不需要辅助设备。因此，在口吃矫治实践中，呼吸训练被广泛应用。

（2）药物治疗

早在20世纪50年代，多巴胺类药物就被用于口吃治疗。多巴胺被认为是一种具有镇静安神作用的神经递质，可以减少口吃的发生。但多巴胺类药物在不良反应、耐受性及长期效果方面都有局限。新一代多巴胺阻断剂也被尝试性地应用于口吃矫治，如利培酮和奥氮平。这些药物比第一代多巴胺阻断药物的不良反应更少，耐受性更好。

D2受体阻断剂氟哌啶醇（Haloperidol）也是一种常用的口吃矫治药物。临床测试发现，它对儿童口吃具有比较明显的疗效，主要降低口吃行为发生时的严重程度，但对口吃发生频率作用不明显。也就是说，这种药物主要作用是降低口吃发生时的严重程度，可以让口语变得更加清晰、连贯，但不能减少口吃发生的次数。研究显示，这种药物之所以比其他药物更加有效，主要是因为它能够针对性地作用于D2受体。D2受体主要存在于大脑纹状体神经元，是一种抑制性受体。如果能够抑制这种受体活动，就可以增强大脑运动功能的控制性，有利于减少口吃发生[87]。

此外，依考匹泮（Ecopipam）是另一种治疗口吃的药物，它是一种D1受体阻断剂。与其他多巴胺阻断剂不同，依考匹泮是一种研究性药物，主要用于发声和多种运动联合抽动障碍。研究显示，这种药物对成人口吃具有显著改善作用[88]。

但到目前，药物治疗仍处于实验阶段，还没有正式获得批准的口吃治疗靶向药物。

（3）神经调控

神经调控技术也被应用于口吃矫治中。其中经颅磁刺激（TMS）与经颅直流电刺激（tDCS）被证实对降低口吃发生频率具有明显作用。一个成年口吃者矫治案例中，30名口吃者接受了大脑左侧额下回的电刺激，每天20分钟，强度为1毫安，连续刺激5天。这个案例中，口吃者在接受电刺激的同时，也接受了言语行为治疗。结果显示，刺激结束1周后，口吃发生频率降低3.24%。而且，"刺激+行为训练"效果比单独进行言语训练效果更好。刺激结束6周后，疗效依然保持（口吃发生频率降低2.63%）。这说明，行为训练结合神经调控刺激可以更有效地矫治口吃[89]。

但目前，神经调控技术治疗口吃的研究都基于成年口吃者。对于儿童而言，这些技术的安全性与适用性还需要进行大量研究。比如，刺激强度、刺激时间及刺激可能带来的负面影响，都需要科学研究证据。

（4）团队互助

建立互助团体也是一项重要的矫治举措，能够为口吃者提供积极的帮助。这种团体可以为成员提供与口吃相关的学习资料，比如有关口吃矫治的信息。来自互助团体的资料或信息对口吃者与言语治疗师都非常有价值，可以帮助口吃者形成正确的认知，还可以帮助他们形成对治疗效果的积极态度。同样，对于言语治疗师而言，成为团体的积极分子，能让他们获得更多关于治疗过程与结果的信息，以及口吃者对治疗的直接反应。在很多国家，口吃协会就是最大的支持性团体，还有专门针对儿童口吃的互助分会。

6. 口吃认识误区

（1）孩子突然口吃，不用管，自己能好吗

有大约74%的儿童可在口吃发生约2年后基本自愈，不会发展成持续性口吃者[90]。因此有人提出，应该在口吃发生后2年之内进行"主动监测"，而不是"主动治疗"。也就是说，这个时期，孩子不需要立即接受口吃矫治训练，而是由父母密切监测其口吃症状发展情况。但是，对于剩下的约26%的口吃儿童，如果没有得到及时的矫治，口吃会持续终身。而且，一旦到了成年阶段，口吃矫治会变得异常困难。因此，早期诊断是口吃防治的关键。如果孩子在口语发展中出现了持续性的、明显的口吃症状，就需要找专业言语诊疗机构进行诊断。如果有必要，需要进行专业矫治训练。有研究发现，孩子过了5岁之后，口吃治疗的有效性就明显降低了[91]。不管是否能自愈，在早期进行一些言语流畅性训练，防患于未然，十分重要。

（2）孩子不愿意说话，是因为内向（或有自闭倾向）吗

儿童语言发育早期，他们言语流畅性问题（如口吃）的外在表现就是不愿意

说话，避免与人交谈，尤其是与陌生人交谈。由于缺乏对口吃基本知识的了解，很多父母会误以为孩子内向，甚至认为孩子有自闭倾向，把口语交流障碍错误地归结到社交障碍（自闭症）。这种错误的认识可能会带来严重后果。比如，父母把重点放在社会交往方面而忽略了口语产生本身，导致错过了口吃矫治的最佳时期，孩子的口吃发展成持续性口吃。

因此，如果发现孩子在说话过程中出现了明显回避的情况，尤其是在孩子表达能力还比较弱，无法很好地描述自己的感受时，父母一定要注意观察，最好带孩子去专业言语诊疗机构进行全面检查，以免因为错误认识贻误最佳治疗时间。

（3）口吃训练就是"磨炼舌头"吗

在电影《国王的演讲》中，有这样的一个情节：为了帮助男主角解决口吃问题，训练师采用了一种比较"残忍"的矫治方式：让口吃者嘴里含着石头，然后不断进行说话练习，想用这种磨炼舌头的方式提高言语流畅度。结果可想而知，坚硬的石头让口吃者满口鲜血，也没有达到矫治口吃的目的。

口吃是一种非常复杂的口语障碍，问题根源并不在发音器官上，而是在大脑言语控制系统中。这种针对发音器官的强化训练，实际上并没有针对口吃原因，而且会对身体造成严重摧残。所以，在治疗口吃的过程中，一定要采用科学方法。首先，通过科学测试与评估，确定口吃问题与特征。其次，通过行为、心理或神经调控方法进行科学治疗，长期坚持，才能有效矫治口吃。

（4）口吃源于童年父母的严苛管教吗

有人认为，口吃与父母的严苛管教或童年创伤有关。但这个说法并没有科学依据。正如我们之前谈到的，口吃发生的根本原因在于控制语言产生的大脑神经系统异常，还具有一定的遗传性。也就是说，口吃是一种神经生物学因素导致的口语障碍，而童年经验不可能是口吃发生的核心原因。

当然，环境因素可能起到一定推波助澜的作用。比如，如果孩子有口吃发生的危险因素，而父母在平时教育中又非常严苛，家庭氛围很压抑。孩子早期表现出一些口吃症状时，父母不仅没有及时给予理解和鼓励，还加以苛责。这样的话，孩子就会害怕跟父母交流，说话的内在动机不断减弱，导致说话机会越来越少。而言语练习的减少反过来增加持续性口吃的风险。

  发展性构音障碍

青青的故事

青青是一个漂亮的4岁小女孩，很懂礼貌，大家都很喜欢她。但是，青青的父母发现，自从学说话开始，她一直有说话不清楚的问题。比如，出现一些扭曲的发音，别人听不明白她说的话。她在说话时还容易出现语音替代的问题，如把"帽子"说成"bào zi"，把"满意"说成"mǎi yì"。此外，她在说话时还会经常出现漏音的情况，比如漏掉声母，把"月亮"说成"yuè yang"，或者漏掉中间音，把"电灯"说成"dàn dēng"。青青的父母在跟邻居聊到这个问题的时候，有人说，他们看到一些网上的信息，这种情况可能与舌系带太短有关系。

实际情况真是这样吗？青青的说话问题究竟是什么原因导致的呢？

1. 构音障碍的定义

青青出现这种说话不清晰的现象，可能是源于构音障碍，而跟发音器官的构造没有关系。构音障碍是儿童语音发展过程中常出现的一种言语运动障碍，它几乎会影响所有与言语运动相关的系统，包括呼吸、发声、构音、共鸣和韵律。构音障碍分为获得性构音障碍与发展性构音障碍。

获得性构音障碍是婴儿出生前或出生时脑损伤或发音器官器质性疾病所致，例如脑性瘫痪导致的构音障碍。这些情况在儿童体检中能够比较早地发现。

发展性构音障碍是指在没有明显神经系统和身体器质性损伤的情况下，表现出言语运动系统障碍。发展性构音障碍推迟了儿童说话的时间，损伤与说话相关的肌肉群的力量、速度、准确性、协调性和耐力。发展性构音障碍的言语特征包括呼吸参数异常（每次呼吸所说的音节数少）、语音质量异常（说话声刺耳，带有喘息声）、音调和响度控制不好（说话音量太高或太低，缺乏声音起伏）、难以区别重音（所有词语都说成重音形式）、说话速度慢、鼻腔共鸣过强、鼻腔漏气、发音不准确以及整体感觉说话费力。同时，区别辅音所需的快速、协调的肌肉运动存在缺陷。另外，与正常儿童相比，构音障碍儿童说话时更容易疲劳。

以往儿童构音障碍问题没有引起重视，相关文献资料也比较少。但实际上，这种情况并不罕见，应该引起更多的重视。有统计显示，在我国，发展性构音障碍在4～6岁儿童中的发生率为2.14%[92]。儿童的构音障碍如果得不到及时矫治，除了影响日常沟通，还会对儿童心理健康造成负面影响。

2．构音障碍的类型

（1）嘴唇、舌头和软腭异常的构音障碍。韦韦是一个7岁男孩，他是家里的第二个孩子，出生时体重5.7千克，出生时没有发生缺氧等情况，身体发育和抚养环境都正常。他在12～18个月时说出第一个词语，2岁左右开始使用句子。5岁的时候，儿科医生在随访过程中听到他妈妈说："他在激动的时候总是流口水，吃东西时用吸而不是嚼，而且走路也不太好。"他的合作行为和智力测试都表现正常，中枢神经系统也没有问题。但是，他说话速度非常慢，很费劲，说话时嘴唇、舌头和软腭以一种奇怪的不协调的方式运动。

（2）舌头笨拙的构音障碍。楠楠是一个6岁9个月的男孩，他也是家里的第二个孩子，他在14个月的时候能正常走路，没有吃奶或吞咽问题。他的智力测试分数很高，神经系统发育正常。他在1岁的时候能使用词语，之后很快就能说出句子。但是，他的舌头厚且不灵活，说出的话很难理解。据他爸爸反映，他在语音方面的问题一直持续到入学以后。

（3）无明显嘴唇、舌头和软腭笨拙的构音障碍。程程是一个9岁男孩，他是一个早产儿，出生时只有1.36千克。他的韦氏智力测验分数为113分，没有中枢神经系统问题，嘴唇、舌头和软腭的运动正常，也没有表现出过度流口水和吞咽问题。在15个月时，他能正常走路。但是，直到2岁，他还不能正常说出词语。言语治疗师在他6岁时第一次见到他，发现他是一个举止友好的孩子。口语流畅，但是让人无法理解。他在使用辅音方面有明显困难。

3. 构音障碍的诊断

在发展性构音障碍的诊断中，需要注意区分获得性构音障碍以及其他类型的障碍。在诊断过程中，需要进行身体检查，并对过往语言、身体和其他发育史情况进行了解。发展性构音障碍表现出说话缓慢与费力。在我国，构音问题的检查主要针对发音器官和语音质量[93]。通过发音器官检查，可以了解发音器官的解剖特征，排除器质性病变引起的构音障碍。通过语音质量检查，可以了解儿童口语质量，包括清晰度与错误类型等。在语音质量检查中，主要观察说单个音节、说单个词语和自由对话等不同水平的口语质量。在检查口语质量的同时，对儿童的听力质量也需要进行检查。因为如果听力有障碍，也会引发儿童口语发音问题。听力质量检查一般采用游戏测听法和纯音测听法。此外，还需要检查语言发育情况，一般采用儿童语言发育量表进行检查，比如中国康复研究中心编制的"语言发育迟缓检查法"。

发展性构音障碍诊断标准一般为：儿童口语出现某几种特定形式的构音错误，但是其智力正常，发音器官无器质性病变，具有正常听力，语言发育达到4岁以上水平。

4. 构音障碍的发生原因

发展性构音障碍与左侧缘上回与左侧颞上回的脑结构异常有关。这种脑结构异常可能是因为发展不成熟，也可能与神经突触修剪能力发展不足有关。在脑功能方面，构音障碍者左侧颞上回的激活不足，这与其他类型语言障碍儿童的表现类似[94]。此外，小脑是重要的运动功能区，构音障碍儿童的语音运动障碍可能与小脑功能或结构异常有关[95]。

5. 构音障碍的治疗

（1）构音训练策略

构音障碍需要言语治疗师进行系统治疗，一般采用一对一的方式进行，包括如下训练策略。

一是模仿。这是语言训练最常见的方式。实际上，模仿也是语言获得的重要方式。通过模仿，可以增加儿童话语数量，提高语言产生的能力。在治疗中，训练师使用道具说一些话，鼓励孩子模仿他说话。比如，训练师可以拿出一辆玩具车，做一个推的动作，问孩子："我在做什么？"训练师先自己回答："推车子"，再要求孩子重复说"推车子"。

在语音训练开始阶段，孩子语音技能还没有成熟时，模仿和重复是一种非常有效的策略。一般而言，训练师会先设置一些学习情境，比如前面提到的玩玩具情境。然后，与孩子沟通，孩子按要求做出反应，训练师可以通过分解词语的方式给予帮助。当孩子无法做出回应时，需要停下来，耐心等待并用目光接触的方式要求孩子继续下去。如果孩子说出的不是训练师要求的目标词，需要继续发问："你需要什么？"，引导孩子说出符合要求的词。

二是自我谈话。自我谈话指通过对自己大声说话，说出看到的或经历的事件，并表达自己的感受。这种方式提供了一种语言交流的刺激，把语言、外部情境与自己的感受联系起来。经过多次练习，可以提高语言表达能力。

三是平行谈话。这是指大人使用儿童语言描述孩子正在做什么，包括接触的、闻到的、看到的和听到的。这种方式比较适合在大人和孩子坐在一起玩耍的时候使用。有些孩子非常喜欢这种方式，当他们正在做什么的时候，大人在旁边用语言描述他们正在做的事情。比如，孩子在玩一辆小汽车，大人就说："宝宝正在玩一辆小汽车，这是一辆黑色的小汽车，在公路上行驶着，车上载着……"这种方式可以让孩子更好地投入当下的活动，使这项活动更持久地进行下去。

四是补充信息策略。这种方式是提供额外信息，帮助听众更好地理解构音障碍儿童说的话。这种额外信息独立于口语背景信息，包含时间、地点、话题、目的和其他口语特征信息。当构音障碍儿童的语音信息出现严重扭曲，让人难以理解时，如果提供合适的背景信息，可以保证交流顺畅。研究发现，提供字母线索、语义线索、姿势线索与三种类型结合线索，都能提高对构音障碍者语音的理解程度。而且，这种提示对于较严重构音障碍儿童的帮助最大[96]。

（2）训练案例

一个矫治案例中，训练者向一组4~12岁的汉语发展性构音障碍儿童提供了训练服务。训练师采用基于多媒体技术的综合训练方案，每天进行一次训练，每次30分钟，每5天为一个训练周期。儿童的训练周期不同，持续1~12个训练周期[97]。

训练项目包括口腔功能训练、听觉辨认训练与构音训练三个方面。口腔功能训练是为了增强口腔本体的感觉，通过手或硅胶牙刷按摩口腔，加强口腔协调能力。通过对口型训练，比如唇音（b\p\m）训练，可以训练儿童的发音动作。在训练舌尖音（d\t\n\l）时，将泡泡糖放在上门牙腭侧，要求儿童用舌尖去顶泡泡糖。在训练舌根音（g\k\h）时，让儿童感受咳嗽的感觉。在训练过程中，要通过多种方式进行反馈，比如看口形、听录音等，让他们自己感受到发音的问题，从而提高辨识自己错误语音的能力。构音训练可以通过模仿的方式进行。训练师用多媒体形象展示发音的正确动作，逐步引导儿童正确发音，从单音节过渡到多音节，最后到短语、句子，产生流畅的说话声。

一般而言，如果儿童的错误发音被完全纠正了，就表明训练目标实现了。

如果部分错误发音被纠正了，就表明训练目标实现了一部分，比如50%的发音得到矫治。如果错误发音仍然存在，就表明训练无效。结果发现，这种训练矫治取得了很好的效果，总体有效率为100%。其中轻度构音障碍儿童治愈率为100%，中度构音障碍儿童治愈率为86.74%，重度构音障碍儿童治愈率为72.73%。多媒体训练方式为构音障碍儿童提供了更为生动有趣的训练场景，可以增强儿童的参与兴趣与训练动机，让训练达到更佳的效果。

 发展性书写障碍

校校的故事

2021年中央电视台推出记录片《我不是笨小孩》，聚焦了汉语阅读障碍儿童的生活与学习情况。第一集里有一个叫"校校"的男孩。他被诊断为患有注意缺陷多动障碍和阅读障碍。其中的一个情节是：校校妈妈在看完校校写的字以后，做出了一个"抓狂"的动作，她用手不断抓墙壁。校校问妈妈："你这是在表达什么？"妈妈无奈地说："我在表达情绪崩溃。"校校妈妈说，她很无奈，为什么自己的孩子已经五年级了，但是一、二年级应该掌握的字还不会写。此时，镜头扫到校校写的字，发现他写的字有很多错误，而且笔迹混乱，还有一些字是用图来代表。同时，他书写很慢，也很费力。校校的书写问题也严重影响到作业完成情况，他很难按时完成作业。当问到关于作业的事情时，校校说他讨厌书写作业，因为太难了。

其实，校校的书写问题不是简单的注意缺陷，而是书写发展方面存在特定的困难，可能是书写障碍的表现。书写能力的发展也是语言能力发展的重要方面。在汉字学习过程中，书写是最有效的学习策略。如果要牢固记忆汉字，必须进行大量的书写练习。现在，很多人出现提笔忘字的现象，就是因为汉字书写减少，直接影响了汉字视觉记忆与运动记忆。

书写能力主要反映在书写质量与书写速度两个方面。可读性（或称辨识度）是评价书写质量的重要指标。书写可读性在小学低年级逐步提高，表现在字形准确性提高、字体减小、整齐性提高、字母或词之间的衔接更好等方面[98]。书写质量发展速度并不均衡，呈现曲折发展趋势。有研究发现，书写质量在小学一至四年级持续上升，到五、六年级发展到平台期，但在六年级以后回到小学低年级水平。而且，书写质量表现出明显的性别差异，女生的书写质量在各个阶段都优于男生[99]。

1. 书写障碍的定义

根据《精神障碍诊断与统计手册》（DSM-Ⅳ）的定义，如果儿童书写技能没有达到与其年龄相匹配的水平，并且这种书写技能缺陷严重影响了学习与生活，那就是书写障碍。调查显示，有11%~12%的女生与21%~32%的男生表现出不同程度的书写困难[100]。在我国，汉字书写障碍儿童的比例为3.8%（重度）与8.6%（轻度）[101]。

书写障碍分为三种类型：视空型、动作执行型与语言加工型。视空型书写障碍是指书写过程中视觉空间加工方面出现明显困难。在画图和书写任务中，表现为线条粗细或字体大小不均、临摹图形或抄写文字有困难。动作执行型书写障碍表现在动作不协调和失用两个方面，具体表现在听写、抄写和写作文时有明显困难，书写速度慢。语言加工型书写障碍主要是指在语言加工层面存在缺陷，导致书写过程中无法高效提取字形，同时出现拼写与语法等困难。

2. 书写障碍的表现

在不同年龄段，书写障碍的表现有所不同。

（1）学龄前

a. 书写过程中表现出奇怪的握笔和身体姿势；
b. 书写中容易感觉疲劳；
c. 避免任何与书写或绘画相关的事情；
d. 书写字母或笔画形状差、翻转、颠倒或者不对称等；
e. 很难一直将书写笔迹保持在一定范围内（比如横线中）。

（2）学龄期

a. 书写笔迹难以辨认，不清晰；
b. 笔画形状变化多，不稳定；
c. 书写过程中难以找到合适的词语，难以完成句子和篇章书写任务。

（3）青少年/成年阶段

a. 书写作文中组织性很差，作文内容难以理解；
b. 语法与句法出现问题，而这些问题在口语中没有出现。

3. 书写障碍的诊断

目前，尚无统一的书写障碍诊断标准。一般而言，书写障碍诊断包括以下几个方面的测试。

（1）书写能力测试，包括从字词到作文不同层次的书写测试，评价内容包括书写过程与书写质量（笔迹质量与内容质量）；
（2）智力测试；
（3）注意力测试；
（4）视觉-运动整合能力测试；
（5）语言认知能力测试，包括正字法意识与快速命名能力等。

4. 书写障碍的矫治

书写能力训练主要涉及几个方面：一是针对语言层面的训练，二是针对运动方面的训练，三是针对一般性执行控制能力的训练。语言层面的训练一般是针对字形识别与字形结构意识方面的训练。比如，可以通过上课的方式帮助学生掌握汉字结构组合规律，提高正字法意识。

手写运动训练有助于提升书写能力。根据工作记忆理论，如果手写能力充分发展并达到高度自动化程度，那么工作记忆资源就可以节约下来，用来支撑高水平的语言加工，比如谋篇布局、句子结构组织等。手写运动训练有多种方式。

第一种方式是运动模仿。老师给学生提供一种手写运动的模板，学生模仿老师的运动过程。这种训练方式提供了一种非语言的运动线索，可以帮助低年级的初学者。这是因为，低年级儿童的语言理解能力有限，无法理解老师用语言传授的知识，所以直接的动作模仿更为有效。

第二种方式是提供视觉线索。这种训练方式是按顺序给学生提供线索，提示书写过程内在结构与笔画顺序，帮助习得文字书写过程的动作记忆。这也是一种非语言的训练，可以帮助学生提高书写自动化水平。

第三种方式是记忆提取。这种训练要求学生从记忆中提取文字符号，然后完成书写。实际上，从记忆中提取文字符号可以帮助学生形成一种记忆提取的路径，在今后可以更快地完成书写。

第四种方式是抄写练习。这是文字书写学习过程中最常用的方式，尤其是在汉字学习过程中。这种方式是给学生提供抄写模板，学生按照模板上的文字形状尽量一致地复制出来，这种学习方式基本上是提供外部线索。学生在学习过程中，自己摸索文字的不同结构成分，制订书写运动计划。这是一种自我训练的方式。

有时候，书写运动训练结合提供视觉线索与记忆提取两种训练方式，既可以帮助学生形成文字书写记忆，又有利于提高提取文字书写记忆的效率。

参考文献

1. 张承芬，张景焕，殷荣生，等．关于我国学生汉语阅读困难的研究[J]．心理科学，1996, 19（4）: 222-226.
2. Tan L H, Xu M, Chang C Q, et al. China's language input system in the digital age affects children's reading development[J]. Proceedings of the National Academy of Sciences of the United States of America, 2013, 110(3):1119-1123.
3. 王孝玲，陶保平．小学生识字量测试题库及评价量表[M]．上海：上海教育出版社，1996.
4. Siok W T, Perfetti C A, Jin Z, et al. Biological abnormality of impaired reading is constrained by culture[J]. Nature, 2004, 431(7004):71-76.
5. 孟泽龙，张逸玮，毕鸿燕．发展性阅读障碍亚类型研究进展[J]．心理发展与教育，2017, 33（1）: 113-121.
6. Castles A, Coltheart M. Varieties of developmental dyslexia[J]. Cognition, 1993, 47(2):149-180.
7. Ho C S H, Chan D W, Chung K K H, et al. In search of subtypes of Chinese developmental dyslexia[J]. Journal of Experimental Child Psychology, 2007, 97(1):61-83.
8. Snowling M. Dyslexia as a Phonological Deficit: Evidence and Implications[J]. Child Psychology and Psychiatry Review, 1998,3(1):4-11.
9. Hoeft F, Hernandez A, Mcmillon G, et al. Neural Basis of Dyslexia: A Comparison between Dyslexic and Nondyslexic Children Equated for Reading Ability[J]. The Journal of Neuroscience, 2006, 26(42):10700-10708.
10. Siok W T, Perfetti C A, Jin Z, et al. Biological abnormality of impaired reading is constrained by culture[J]. Nature, 2004, 431(7004):71-76.
11. Siok W T, Niu Z, Jin Z, et al. A structural-functional basis for dyslexia in the cortex of Chinese readers[J]. Proceedings of the National Academy of Sciences of the

United States of America, 2008, 105(14):5561-5566.

12. Yan X, Perkins K, Cao F. A hierarchical deficit model of reading disability: Evidence from dynamic causal modelling analysis[J]. Neuropsychologia, 2021, 154(3):107777-107777.

13. Livingstone M S, Rosen G D, Drislane F W, et al. Physiological and anatomical evidence for a magnocellular defect in developmental dyslexia[J]. Proceedings of the National Academy of Sciences of the United States of America, 1991, 88(18):7943-7947.

14. Stein J. The current status of the magnocellular theory of developmental dyslexia[J]. Neuropsychologia, 2019, 130:66-77.

15. Wang J J, Bi H Y, Gao L Q, et al. The visual magnocellular pathway in Chinese-speaking children with developmental dyslexia[J]. Neuropsychologia, 2010, 48(12):3627-3633.

16. Zhao J, Qian Y, Bi H Y, et al. The visual magnocellular-dorsal dysfunction in Chinese children with developmental dyslexia impedes Chinese character recognition[J]. Scientific Reports, 2014, 4:7068-7068.

17. 赵婧，毕鸿燕，钱怡．视觉大细胞通路对汉字识别的影响[J]．生物化学与生物物理进展，2013，40（2）：141-146．

18. Temple E, Poldrack R A, Protopapas A, et al. Disruption of the neural response to rapid acoustic stimuli in dyslexia: Evidence from functional MRI[J]. Proceedings of the National Academy of Sciences of the United States of America, 2000, 97(25):13907-13912.

19. Olulade O A, Napoliello E M, Eden G F. Abnormal Visual Motion Processing Is Not a Cause of Dyslexia[J]. Neuron, 2013, 79(1):180-190.

20. Meng X, Cheng-Lai A, Zeng B, et al. Dynamic visual perception and reading development in Chinese school children[J]. Annals of Dyslexia, 2011, 61(2):161-176.

21. 赵婧．发展性阅读障碍的视觉注意广度技能[J]．心理科学进展，2019，27（1）：20-26．

22. Zhao J, Liu M, Liu H, et al. The visual attention span deficit in Chinese children with reading fluency difficulty[J]. Research in Developmental Disabilities, 2018, 73:76-86.

23. Cheng C, Yao Y, Wang Z, et al. Visual attention span and phonological skills in Chinese developmental dyslexia[J]. Research in Developmental Disabilities, 2021, 116:104015-104015.

24. Baddeley A. Working memory[J]. Science, 1992, 255(5044):556-559.

25. Zhao J, Yang Y, Song Y W, et al. Verbal Short-Term Memory Deficits in Chinese Children with Dyslexia may not be a Problem with the Activation of Phonological Representations[J]. Dyslexia, 2015, 21(4):304-322.

26. Shu H, Mcbride-Chang C, Wu S, et al. Understanding Chinese developmental dyslexia: Morphological awareness as a core cognitive construct[J]. Journal of Educational Psychology, 2006, 98(1):122-133.
27. Mcbride-Chang C, Shu H, Zhou A, et al. Morphological Awareness Uniquely Predicts Young Children's Chinese Character Recognition[J]. Journal of Educational Psychology, 2003, 95(4):743-751.
28. Nicolson R I, Fawcett A J, Berry E L, et al. Association of abnormal cerebellar activation with motor learning difficulties in dyslexic adults[J]. The Lancet, 1999, 353(9165): 1662-1667.
29. Yang Y, Bi H Y. Unilateral implicit motor learning deficit in developmental dyslexia[J]. International Journal of Psychology, 2011, 46(1):1-8.
30. Yang Y H, Yang Y, Chen B G, et al. Anomalous Cerebellar Anatomy in Chinese Children with Dyslexia[J]. Frontiers in Psychology, 2016, 7:324-324.
31. Yang Y, Bi H Y, Long Z Y, et al. Evidence for cerebellar dysfunction in Chinese children with developmental dyslexia: an fMRI study[J]. International Journal of Neuroscience, 2013, 123(5):300-310.
32. Eckert M A, Leonard C M, Richards T L, et al. Anatomical correlates of dyslexia: frontal and cerebellar findings[J]. Brain : A Journal of Neurology, 2003,126(2):482-494.
33. Tan L H, Spinks J A, Eden G F, et al. Reading depends on writing, in Chinese[J]. Proceedings of the National Academy of Sciences of the United States of America, 2005, 102(24):8781-8785.
34. 卫垌圻，曹慧，毕鸿燕，等．发展性阅读障碍书写加工缺陷及其神经机制[J]．心理科学进展，2020，28（1）：75-84.
35. Yang Y, Zuo Z, Tam F, et al. The brain basis of handwriting deficits in Chinese children with developmental dyslexia[J]. Developmental Science, 2021, 25(2):e13161-e13161.
36. Peterson R L, Pennington B F. Developmental dyslexia[J]. Lancet (London, England), 2012, 379(9830):1997-2007.
37. Gialluisi A, Andlauer T F M, Mirza-Schreiber N, et al. Genome-wide association study reveals new insights into the heritability and genetic correlates of developmental dyslexia[J]. Molecular Psychiatry, 2021, 26:3004-3017.
38. Molfese D L. Predicting dyslexia at 8 years of age using neonatal brain responses[J]. Brain and Language, 2000, 72(3):238-245.
39. Guttorm T K, Leppänen P H T, Poikkeus A M, et al. Brain event-related potentials (ERPs) measured at birth predict later language development in children with and without familial risk for dyslexia[J]. Cortex, 2005, 41(3):291-303.
40. Hoeft F, Ueno T, Reiss A L, et al. Prediction of children's reading skills using behavioral, functional, and structural neuroimaging measures[J]. Behavioral

Neuroscience, 2007, 121(3):602-613.

41. Temple E, Deutsch G K, Poldrack R A, et al. Neural deficits in children with dyslexia ameliorated by behavioral remediation: Evidence from functional MRI[J]. Proceedings of the National Academy of Sciences of the United States of America, 2003,100(5): 2860-2865.

42. Bowyer-Crane C, Snowling M J, Duff F J, et al. Improving early language and literacy skills: differential effects of an oral language versus a phonology with reading intervention[J]. Journal of Child Psychology and Psychiatry, and Allied Disciplines, 2008, 49(4):422-432.

43. Wang J, Wu K C, Mo J, et al. Remediation of a Phonological Representation Deficit in Chinese Children with Dyslexia: A Comparison between Metalinguistic Training and Working Memory Training[J]. Developmental Science,2021,24(3): e13065-e13065.

44. Franceschini S, Gori S, Ruffino M, et al. Action Video Games Make Dyslexic Children Read Better[J]. Current biology: CB, 2013,23(6):462-466.

45. Yang J, Peng J, Zhang D, et al. Specific effects of working memory training on the reading skills of Chinese children with developmental dyslexia[J]. PLoS One, 2017, 12(11):e0186114-e0186114.

46. Reynolds D, Nicolson R I, Hambly H. Evaluation of an exercise-based treatment for children with reading difficulties[J]. Dyslexia, 2003, 9(1):48-71.

47. Costanzo F, Rossi S, Varuzza C, et al. Long-lasting improvement following tDCS treatment combined with a training for reading in children and adolescents with dyslexia[J]. Neuropsychologia,2019,130:38-43.

48. Marchesotti S, Nicolle J, Merlet I, et al. Selective enhancement of low-gamma activity by tACS improves phonemic processing and reading accuracy in dyslexia[J]. PLoS Biology, 2020, 18(9):e3000833-e3000833.

49. Qian Y, Bi H Y. The effect of magnocellular-based visual-motor intervention on Chinese children with developmental dyslexia[J]. Frontiers in Psychology, 2015, 6:1529-1529.

50. Wei R, Su J. The statistics of English in China: An analysis of the best available data from government sources[J]. English Today, 2012, 28(3):10-14.

51. You H, Gaab N, Wei N, et al. Neural deficits in second language reading: fMRI evidence from Chinese children with English reading impairment[J]. Neuroimage, 2011, 57(3):760-770.

52. Elbro C, Daugaard H T, Gellert A S. Dyslexia in a second language?-a dynamic test of reading acquisition may provide a fair answer[J]. Annals of dyslexia, 2012, 62(3):172-185.

53. Meng X, You H, Song M, et al. Neural deficits in auditory phonological processing in Chinese children with English reading impairment[J]. Bilingualism: Language and Cognition, 2016,19(2): 331-346.

54. Liu L, Li H, Zhang M, et al. Aberrant topologies and reconfiguration pattern of functional brain network in children with second language reading impairment[J]. Developmental Science, 2016, 19(4):657-672.

55. Cao F, Yan X, Yan X, et al. Reading Disability in Chinese Children Learning English as an L2[J]. Child Development, 2021, 92(2): e126-e142.

56. Wang C, Tao S, Tao Q, et al. Musical experience may help the brain respond to second language reading[J]. Neuropsychologia, 2020, 148:107655-107655.

57. Tomblin J B, Records N L, Buckwalter P, et al. Prevalence of specific language impairment in kindergarten children[J]. Journal of Speech, Language, and Hearing Research, 1997, 40(6):1245-1260.

58. 许瑾，刘小燕，吴德，等．4-5岁普通话特定型语言障碍儿童的筛检与诊断[J]．中国听力语言康复科学杂志，2012，10（6）：430-434．

59. 张放放．4-6岁汉语特定型语言障碍儿童叙述语言发展研究[D]．上海：华东师范大学，2010．

60. Paracchini S. Dissection of genetic associations with language-related traits in population-based cohorts[J]. Journal of Neurodevelopmental Disorders, 2011,3:365-373.

61. 锜宝香．儿童语言障碍[M]．北京：首都师范大学出版社，2016．

62. Webster W G. Evidence in bimanual finger-tapping of an attentional component to stuttering[J]. Behavioural Brain Research, 1990, 37(2):93-100.

63. Lincoln M, Packman A, Onslow M. Altered auditory feedback and the treatment of stuttering: a review[J]. Journal of Fluency Disorders, 2006, 31(2):71-89.

64. Dworzynski K, Howell P, Natke U. Predicting stuttering from linguistic factors for German speakers in two age groups[J]. Journal of Fluency Disorders, 2003, 28(2):95-113.

65. Postma A, Kolk H. The covert repair hypothesis: prearticulatory repair processes in normal and stuttered disfluencies[J]. Journal of Speech, Language, and Hearing Research, 1993, 36(3):472-484.

66. Howell P, Au-Yeung J. The EXPLAN theory of fluency control and the diagnosis of stuttering[M] // Fava E. Pathology and therapy of speech disorders. Amsterdam: John Benjamins, 2002.

67. Yang Y, Jia F, Siok W T, et al. The role of anxiety in stuttering: evidence from functional connectivity[J]. Neuroscience, 2016, 346:216-225.

68. Fox P T, Ingham R J, Ingham J C, et al. A PET study of the neural systems of stuttering[J]. Nature, 1996, 382(6587):158-162.

69. Halag-Milo T, Stoppelman N, Kronfeld-Duenias V, et al. Beyond production: Brain responses during speech perception in adults who stutter[J]. Neuroimage: Clinical, 2016, 11:328-338.

70. Budde K S, Barron D S, Fox P T. Stuttering, induced fluency, and natural fluency:

A hierarchical series of activation likelihood estimation meta-analyses[J]. Brain and Language, 2014, 139:99-107.

71. Neef N E, Bütfering C, Anwander A, et al. Left posterior-dorsal area 44 couples with parietal areas to promote speech fluency, while right area 44 activity promotes the stopping of motor responses[J]. Neuroimage, 2016, 142:628-644.

72. Lu C, Chen C, Ning N, et al. The neural substrates for atypical planning and execution of word production in stuttering[J]. Experimental Neurology, 2010, 221(1):146-156.

73. Toyomura A, Fujii T, Kuriki S. Effect of external auditory pacing on the neural activity of stuttering speakers[J]. Neuroimage, 2011, 57(4):1507-1516.

74. Chang S E, Kenney M K, Loucks T M J, et al. Brain activation abnormalities during speech and non-speech in stuttering speakers[J]. Neuroimage, 2009, 46(1):201-212.

75. Brown S, Ingham R J, Ingham J C, et al. Stuttered and fluent speech production: an ALE meta-analysis of functional neuroimaging studies[J]. Human Brain Mapping, 2005, 25(1):105-117.

76. Lu C, Ning N, Peng D, et al. The role of large-scale neural interactions for developmental stuttering[J]. Neuroscience, 2009, 161(4):1008-1026.

77. Chang S E, Horwitz B, Ostuni J, et al. Evidence of left inferior frontal-premotor structural and functional connectivity deficits in adults who stutter[J]. Cerebral Cortex, 2011, 21(11):2507-2518.

78. Chang S E , Zhu D C. Neural network connectivity differences in children who stutter[J]. Brain, 2013,136(12):3709-3726.

79. Lu C, Peng D, Chen C, et al. Altered effective connectivity and anomalous anatomy in the basal ganglia-thalamocortical circuit of stuttering speakers[J]. Cortex, 2010, 46(1):49-67.

80. Yang Y, Jia F, Siok W T, et al. Altered functional connectivity in persistent developmental stuttering[J]. Scientific Reports, 2016, 6:19128-19128.

81. Lu C, Zheng L, Long Y, et al. Reorganization of brain function after a short-term behavioral intervention for stuttering[J]. Brain and Language, 2017, 168:12-22.

82. Lu C, Chen C, Peng D, et al. Neural anomaly and reorganization in speakers who stutter: A short-term intervention study[J]. Neurology, 2012, 79(7):625-632.

83. Rousseau I, Packman A, Onslow M, et al. An investigation of language and phonological development and the responsiveness of preschool age children to the Lidcombe Program[J]. Journal of Communication Disorders, 2007, 40(5):382-397.

84. Runyan C M, Runyan S E. A Fluency Rules Therapy Program for Young Children in the Public Schools[J]. Language Speech and Hearing Services in Schools, 1986, 17(4):276-284.

85. Watson T S, Skinner C H. Encyclopedia of School Psychology[M]. Boston: Springer, 2012.

86. Woods D W, Twohig M P, Fuqua R W, et al. Treatment of stuttering with regulated breathing: Strengths, limitations, and future directions[J]. Behavior Therapy, 2000, 31(3):547-568.

87. Brady J P. The pharmacology of stuttering: a critical review[J]. The American Journal of Psychiatry, 1991, 148(10):1309-1316.

88. Maguire G A, Lasalle L, Hoffmeyer D, et al. Ecopipam as a pharmacologic treatment of stuttering[J]. Annals of clinical psychiatry, 2019, 31(3):164-168.

89. Chesters J, Möttönen R, Watkins K E. Transcranial direct current stimulation over left inferior frontal cortex improves speech fluency in adults who stutter[J]. Brain, 2018, 141(4):1161-1171.

90. Yairi E, Ambrose N G. Early childhood stuttering I: persistency and recovery rates[J]. Journal of Speech, Language, and Hearing Research, 1999, 42(5):1097-1112.

91. Onslow M. Behavioral management of stuttering[M]. San Diego, CA: Singular Publishing Group, 1996.

92. 万国斌，李志祥．湖南省4-16岁儿童发育性发音障碍的流行病学调查[J]．中国心理卫生杂志，1996，10（5）：197-198．

93. 李胜利．构音障碍的评价[J]．中国康复，1993，8（2）：84-86．

94. Liégeois F, Mayes A, Morgan A. Neural Correlates of Developmental Speech and Language Disorders: Evidence from Neuroimaging[J]. Current Developmental Disorders Reports, 2014, 1(3):215-227.

95. Spencer K A, Slocomb D L. The neural basis of ataxic dysarthria[J]. Cerebellum, 2007, 6(1):58-65.

96. Hanson E K, Yorkston K M, Beukelman D R. Speech supplementation techniques for dysarthria: a systematic review[J]. Journal of Medical Speech - Language Pathology, 2004, 12(2):ix-xxix.

97. 江茹，赵生全，张铁松，等．功能性构音障碍儿童言语异常及矫治效果研究[J]．听力学及言语疾病杂志，2011，19（3）：260-262．

98. Medwell J, Wray D. Handwriting: what do we know and what do we need to know?[J]. Literacy, 2007, 41(1):10-15.

99. Graham S, Berninger V, Weintraub N, et al. Development of Handwriting Speed and Legibility in Grades 1-9[J]. The Journal of Educational Research, 1998, 92(1):42-52.

100. Karlsdottir R, Stefansson T. Problems in developing functional handwriting[J]. Perceptual and Motor Skills, 2002, 94(2):623-662.

101. 孟祥芝，刘红云，周晓林，等．中文读写能力及其相关因素的结构模型[J]．心理发展与教育，2003，19（1）：37-43．